아버지의 뒷모습

아버지의 뒷모습

이준구 수필집

수필과비평사

머리말

스물두 살 때 글을 쓰겠다던 약속을 친구와 했었다. 그러나 등용문을 통과하기는 어려운 일이었다. 시인 플로베르가 말한 '1물 1어' 찾기란 뜬구름 같았다. 우물 속에 빠진 강아지처럼 몸부림치며 살아왔다. 포기했던 작가의 꿈을 되살린 것은 퇴직에 따른 공허감이었다. 세월의 흔적은 뿌린 만큼 얻은 인연도 있었지만, 얻은 만큼 사라져 간 청춘도 있었다.

심근경색과 심야에 출혈을 겪은 뒤 《아버지의 뒷모습》 출간을 앞당겼다. 지나온 삶이 허망하지 않도록 남은 삶을 사랑하고 싶다. "독서야말로 인간이 해야 할 첫째의 깨끗한 일"이라고 한다. 책을 가까이하였던 동기는 초등학교 때 교실에 있던 책을 읽던 습관으로 고전 읽기대회에 참가하면서였다. 선생님의 나침반 같은 방향 제시가 삶의 여정에서 피와 살이 되었음을 글을 쓰면서 알았다. 수필반 문우들과 리더스 독서 클럽 회원들을 통하여 '三人行 必有我師'임을 새삼 느낀다.

35년 전 주례사를 하신 은사께서 매달 1권 이상 책을 사서 보라고 말씀하셨다. 책을 구입하지는 못했지만, 책을 내려놓지 않았다. 소중한 인연들과 함께 흘러간 추억은 아름다웠다. 동시대를 부대끼며 살아온 뒤안길이 다 행복한 것도 아니지만 정은 남아 있다. 되돌아본 발자취 속에 부끄러움도 있다. 그러나 몇 번의 고비와 일련의 과정은 가족사였고 역사 속의 사건이기도 하다. 문학을 권하셨던 은사님, 지인들도 하나 둘씩 내 곁을 떠나갔다.

뒹굴며 뛰놀던 자식들도 품 안에서 멀어져 간다. 부질없던 지난 추억과 씨름하는 남편의 건강을 우려하던 아내에게 미안하다. 그러나 묻어둘 수 없는 나만의 추억을 되살리는 일이 내게는 기쁨이었다. 바닷가에서 몇 번이나 줍고 버렸던 조가비처럼 다시 주워 담은 생각을 펼쳐 보인다.

2019. 6.

해광 이준구

목차

2. 연꽃처럼

3. 지게 철학

4. 세 권의 책

5. 개미와 메뚜기

6. 아름다운 길

1. 아버지의 뒷모습

새벽길

새벽잠이 없던 아버지는 평생 동안 이른 새벽부터 농사일을 하셨다. 예전에는 논 한쪽에 못자리를 설치했나. 직사각형 못자리에 모가 자라는 동안 도랑을 통해 물을 공급했다. 묘판에 뿌린 볍씨는 자박자박한 물기가 있어야 뿌리를 내린다. 물이 많으면 볍씨가 뜨고, 물이 적으면 벼가 말라 싹이 트지 않는다. 큰 못자리에 물을 퍼내고 채울 때 쓰는 두레박은 피라미드를 잘라 뒤집어 놓은 모양의 판자로 만들었다. 네 귀퉁이에 끈을 묶어서 퍼 올리는 한 바가지 용량은 20리터 내외였다. 물을 담을 때는 아랫줄을 늘여주고 퍼 올릴 때 아랫줄과 윗줄의 균형을 잡아야 물이 둑 사이로 옮겨졌다. 힘의 균형이 어긋나면 두레박은 엎어지거나 감긴다. 줄이 떨어지면 물은 쏟아지고, 균형이 무너지면 주저앉기도 했다.

이른 새벽에 두레박질은 결코 쉬운 일이 아니었다. 키 작고 힘 약한 아들은 논두렁에 서서 맨발로 찬 물속에 선 아버지로부터 두레박질을 배웠다. 물의 무게를 못 이겨 두레박 끈을 놓치거나, 물의 무게로 끈이 떨어지면 낭패였다. 동 트기 전, 일을 마쳐야 했던 아버지의 옥양목 핫바지는 항상 논물에 젖어 있었다. 거머리에 뜯긴 장딴지로 흘러내리는 피를 보며 뒤따르던 귀로였다. 논배미 하나는 1,500평이 넘는 수렁논이었다. 농약이 없던 때라 여름철에 김매기를 했다. 추수 때는 참게와 붕어가 지천에 널려 있었다.

평생 농사일만 하시다 돌아가신 선친은 애주가였다. 60도를 넘던 법성 토종술을 즐겨 드셨다. 취직 기념으로 사 간 베리나인 골드 양주도 글라스에 따라 단숨에 드셨던 주량이었다. 김제 만경의 일본인 농장에서 일을 하신 아버지는 28세에 16세 어린 신부와 결혼은 정신대 공출 때문이라고 했다. 슬하의 8남매를 둔 대가족 종가의 가장이었다. 일제 치하에서 결혼하였고, 일본에 끌려갔던 동생들과 고모, 조부모 포함, 17명 대가족 장남이셨다. 일제가 만든 삼양사 염전이 만들어지기 전 선친은 소금을 굽는 가마터를 인수하셨다고 했다. 소금가마를 판 사람은 과도한 세금부담을 피하고자 매각하였고, 이를 모르고 산 아버지는 매도인의 세금까지 덤터기 썼다고 한다. 체납자로 몰려 순사의 매를 맞아 기절하였고, 가마니에 덮어 버려졌다고 했다. 기적처럼 소생하여 반년 동안 소금을 팔아 세금을 납부했다. 일제 강점기 모범 납세자로 받은 방짜 유기그릇 세트를 자랑 삼아 이야기해 주신 아버지였다.

혼수상태로 운명하실 것 같다는 소식에 고향집으로 달려갔다.

"아버지 둘째 아들 왔어요."

아들 목소리를 들은 아버지가 눈을 뜨고 떠듬거리며 말씀하셨다.

"국록을 먹는 사람은 국사에 전념해야 한다." 핫저고리 속에 나온 마른 손을 내밀어 내 손을 잡고 말한 것이 유언이 되었다. 아버지의 손을 놓고 공무원의 본분을 다하겠다고 다짐하며 집을 나왔다. 야간 근무가 끝나던 새벽에 아버지의 부음 소식을 당직실에서 받았다.

부음을 받고 달려가던 새벽, 길옆에 늘어선 코스모스도 우는 바람에 흔들리고 있었다.

아버지의 뒷모습

자동차를 처음 탄 곳은 굴비의 본향 영광 법성이었다. 닭이 홰를 치고 목청을 길게 빼던 새벽이었다. "귀신도 자기 무덤으로 돌아가는 시간이다."라며 선친은 나를 깨웠다. 눈을 비비고 고양이 세수를 하는 둥 마는 둥 법성포 시장 구경을 따라나섰다.

국민교육헌장이 발표되던 다음해였다. 나는 초등3학년까지 버스를 탄 적이 없었다. 기껏해야 소달구지를 타 본 것이 전부였다. 부스럼에 림프샘이 부어오른 아들을 데리고 의원을 찾아가던 날은 법성장 날이었다. 이슬에 처진 풀잎이 땅에 닿을락 말락 하던 새벽길로 나섰다. 사십 리 길을 걸어 나선 아버지는 휘적휘적 앞서 걸어가셨다. 신작로에서 산길과 논밭 사잇길을 넘나들었다. 아버지의 손에 이끌려 걷다가 뛰기도 하고 앞서거니 뒤서거니를 반복하다가 차츰 뒤로 처지기 시작했다. 미명의 산속 짚으로 씌워둔 초분에서 금방이라도 귀신이 튀어나올 것만 같았다. 해리면에서 출발하여 상하, 홍농면을 거치면서 새벽이슬에 젖은 검정 고무신은 빠각빠각 맹꽁이 소리를 냈다. 발이 시리다는 투정에 등을 내주시던 아버지는 신작로가 나타나면 내려놓고 업기를 반복했다.

아침밥 짓는 연돌 연기가 나던 의원집에 도착했다. 따스한 큰 손으로 찬 손목을 잡은 의원은 연신 고개만 흔들어 댔다. 조제해 준 약봉지를 들고 나오니 해가 떠올랐다. 홍농에서 법성으로 들어가던 경계였던 강나루는 다리 공사 중이었다. 강둑을 향하던 선친은 다리가 아프다는 나에게 이야기를 해주셨다. 다리 공사가 무사하도록 가난한 처녀를 토관 속에 넣어 용왕에게 바쳤다는 내용이었다. 강둑에 다다르니 섶다리 아래 강물에서 죽은 처녀귀신이 불쑥 올라올 것만 같았다. 누런 강물이 흐르던 섶다리, 아버지 등짝에서 누나에게 들은 심청이 이야기가 떠올랐다.

강 건너 산등성이에 오르니 아침 햇살에 반짝이던 거대한 법성포구가 다가왔다. 동호항에서 소금 운반 중선 한두 척만 보던 때였다. 포구에는 중선보다 더 큰 어선들이 헤아릴 수조차 없이 정박되어 있었다. 나는 항구 가득한 뱃줄에 펄럭이던 오색기를 세다가 현기증을 느꼈다. 끝없이 이어진 장터에는 조기와 장대, 장어, 박대 등 가게마다 생선이 가득하였다.

비릿한 냄새, 질퍽한 시장통으로 들어가니 사람들끼리 부딪쳤다. 항구에서도 찰랑거리던 파도 소리와 어선끼리 부대끼는 '삐걱' 소리까지 들려왔다. 쪼그려 흥정하는 장꾼들로 붐볐다. 몇 시간을 걸어온 터라 배가 잔뜩 고팠다. 터미널 앞 국밥집 가마솥 끓는 물속에 잠긴 돼지머리는 천장을 향해 웃고 있었다. 국밥 한 그릇과 막걸리 한 되를 주문하신 아버지는 허름한 구석 탁자에서 백색 두루마기와 모자를 벗고 마주 앉았다. 탁자에 펼쳐진 안주로 막걸리를 비우신 아버지는 풀치를 발라주셨다. 뚝배기에 내장과 순대를 수북하게 담은 국밥이 나왔다. 막걸리를 마신 아버지는 뚝배기를 내 앞으로 밀며 "어서 먹어라." 하고 말씀하셨다. 순식간에 뚝배기 국밥 한 그릇을 깨끗하게 비웠다.

생기를 되찾아 난생처음 올라탄 버스 안은 장꾼들로 빈 좌석이 없었다. 아버지는 운전석 옆 엔진 뚜껑에 나를 앉혔다. 궁둥이로 전해지던 따끈함에 기분도 좋아졌다. 출발시간이 가까워지자, 버스는 성냥곽처럼 사람과 짐으로 가득 채워졌다. 숨 막힐 듯 조여 오던 공간에는 장짐에서 풍기는 생선과 디젤기름 냄새가 뒤섞여 속이 울렁거렸다. 순댓국밥의 여운이 남아 있던 입 안이 하수구가 되었다. 되돌아나온 토사물과 구역질 소리에 승객들의 아우성이 들렸다. 엔진 뚜껑과 좌석 틈으로 흘러내리던 오물을 아버지는 두 손으로 쓸어 담아 퍼냈다. 출발이 지연된 버스 기사에게 아버지는 사과하였다. 기사가 내준 신문으로 바닥을 닦고 남은 물기 제거를 위해 신문을 깔았다.

약봉지를 들고 어쩔 줄 모르던 나에게 장꾼 한 사람이 좌석을 양보했다. 아버지 품에 안겼으나 역한 냄새로 속이 계속 울렁거려 눈을 감았다. '토할 줄 알았으면 아버지나 드시게 할 걸.' 하는 후회가 밀려왔다. 창피스러운 그날 기억 때문에 순댓국밥은 꺼린 음식 중의 하나가 되었다.

해리 장터에 사시던 선배는 미식가다. 맛있는 장터국밥이나 먹으러 가자고 불러내었다. 내키지 않은 마음으로 따라나선 시 외곽 순댓국밥집에서 어린 시절 기억이 되살아났다. 법성포 장터에서 먹었던 대로 뚝배기에는 순대와 내장이 고봉으로 담겨져 나왔다. 살다 보면, 잊고 있었던 고통도 기쁨으로 변하는가 보다. 좋아하지 않았던 순댓국밥도 별미로 느껴졌다. 나이 따라 입맛도 변하는가 보다.

구스타브 카유보트의 그림 〈작업복을 입은 남루한 사내의 뒷모습〉에서 선친의 뒷모습을 보았다. 대를 이은 나의 뒷모습이 초라하기 그지없다.

버킷리스트와 꿈

선물로 받은 《걸리버 여행기》를 읽고 나서 여행에 대한 환상에 사로잡혔다. 책은 손위 누이가 소포로 보내온 책이었다. 새로운 세계에 대한 동경은 여행기를 통하여 접하게 되었다. 마르코 폴로의 《동방견문록》, 《이븐 바투타의 여행기》와 《로빈손 크루소》, 《보물섬》은 여행의 꿈을 키워준 책이었다. 태평양 전쟁 당시 표류하였던 희망호의 모험은 용기를 길러준 좋은 책으로 기억한다.

1970년대 김찬삼과 김형욱, 최근 인기 여행가 한비야, 유홍준 교수의 여행기를 보면서 미지의 세계를 알게 된 책이다. 《허클베리 핀》, 《보물섬》, 콜럼버스에서 피어리까지 탐험 서적이요, 여행의 갈증을 해소해 준 도서였다. 탐험기와 여행기는 촌동에게 새로운 세계에 대한 안목을 넓혀주었다. 책 속 주인공처럼 새로운 나라와 문물, 신기한 풍습에 가슴이 벅차올라 책을 안고 잠을 청한 때가 자주 있었다. 《먼나라 이웃나라》 만화는 만화가 아닌 여행의 길잡이 책이 아니던가.

내가 보는 세계의 3대 여행가는 마르코 폴로와 이븐 바투타, 사틀르 달레 세 분과 한반도에 태어난 3대 여행가로 혜초와 최부, 박지원을 꼽는다. 가장 강렬한 영감을 준 여행기는 530여 년 전 금남錦南 최부崔溥가 쓴 《표해록漂海錄》이다. 표해록은 말 그대로 바다에 표류한 기록이다. 금남 최부(1454~1504)는 전라남도 나주시 동강면 출생이다. 일찍이 과거에 급제하였고, 34세 때인 1487년 9월 제주도 3읍 추쇄경차관으로 부임한 인물이다. 추쇄경차관이란 도피 중인 죄인들을 잡아들이기 위해 조정에서 직접 파견하는 중앙관직이며, 그는 1488년 정월 그믐날 고향집의 하인이 상복喪服을 가지고 와서 부친의 부음을 전했다고 한다.

그는 일단 배로 전라도 해남을 향하였고 그곳에서 고향 나주가 목적지였다. 그에게 딸린 일행은 7명과 제주 목사가 허락한 선원 35명을 포함한 43명이었다. 악천후 속에 출항한 배는 폭풍우를 만나 표류가 되면서 자신의 일로 인하여, 고난에 처한 사실을 사과하였다. "배 안에서는 생사고락을 같이해야 한다. 살면 함께 살고, 죽더라도 함께 죽자."는 심정이 드러난 여행기였다. 해남이 아닌 중국 절강성 태주부 해안으로 표류 13일 만에 상륙하였다.

겨울에 떠나간 그는 여름인 1488년 6월 14일 한양에 도착까지 148일 동안 3,400킬로미터, 8,800리의 소회가 담겨진 여행기다. 조난당한 백성을 구한 지도자로 맹골수로 해역에서 304명을 수장시킨 선장과 비교된다. 세월호 침몰 7시간 동안 국민 모두는 영상을 통하여 죽어가던 학생들을 바라보았다.

세월호 침몰 사건을 보고 《표해록》 저자인 최부의 묘소를 찾아 가기로 작정하였다. 전남 무안군 몽탄면 호반로 마을회관 앞 남향 산 중턱의 묘지였다. 마을 이장이라는 여성분을 만났다. 최부의 후손 한 분이 인근 나주시 동강면 인동리 성지마을에 생존한다고 하여 찾아갔지만 만나지 못했다. 배산임수 유택 앞으로 말없이 흐르던 영산강 지류만 보았다. 유택 좌우로 28세대, 57명의 주민이 거주하는 작은 마을이었다. 무덤 앞 정자에서 노인들이 건네준 수박 한 조각이 남도의 소박한 정을 느끼게 하였다.

그러나 《표해록》의 역사적 가치를 현지인들은 모르고 있었다. 프랑스의 달레 신부가 쓴 조선여행기 또한 《해부록》을 보고 쓴 여행기라고 나는 생각한다. 《해부록》은 동아시아 3국의 중세역사를 한눈으로 볼 수 있다. 500년 전 역사에서도 일본의 해적 근성을 확인시켜준 책이기도 하다. 《해부록》을 읽고 나서 《동방견문록》이 쓰여진 200년 뒤에 중국대륙을 횡단한 최부가 걸어온 길을 답사해 보겠다는 다짐도 했다. 제주해안 – 영파(절강성)까지의 해로, 육로로는 항주 – 서주 – 천진 – 북경 – 풍운 – 요동 – 의주 – 한양 – 전주까지 돌아오는 행로가 나의 버킷리스트이다.

역사는 돌고 돌아서도 과거의 국민성은 남아 있나 보다. 해적으로 날뛰던 일본과 조선, 명나라의 역학관계는 사드 사태와 닮아 있다. 오백여 년 전 항왜원조抗倭援朝는 항공원한抗共援韓으로 명나라 자리에 미국이 들어섰다.

집으로 돌아오는 길가에는 세월호 인양을 바라는 노란 깃발들이 펄럭거리고 있었다. 학생들의 죽음은 무엇 때문이라는 말인가? 바로 인재이자, 사령탑의 무능이 아니겠는가? 죽음을 눈앞에 둔 난파선에서 한 사람도 낙오시키지 않고 살아남도록 의연하게 대처했던 최부 같은 공무원이 필요하다. 강대국들의 틈바구니에서 갈대처럼 흔들리는 한반도의 운명이 위태롭다. 국록을 먹는 지도자들 모두 책임회피에 급급한 현실이다. 이럴 때 530여 년 전 조선의 공직자가 보여준 위기상황의 대처능력이 자꾸만 비교된다. 내 인생 마지막 버킷리스트가 현실이 되던 날 다시 금남의 묘를 찾아 아뢰고 싶다.

그리운 완행열차

1970년대 학창시절 여름 처음 기차를 탔다. 정읍에서 용산역까지 가는 완행열차는 꼬박 하루가 걸렸다. 새벽밥을 먹고 집을 출발, 목적지까지 도착하면 해가 저물었다. 낙엽이 지는 가을, 석양에 평야를 가로지르는 완행열차를 보면 어디론가 떠나고 싶었다.

호남선 열차를 타고 익산에 내렸던 날은 잊을 수가 없다. 이리역 폭발사고가 터진 날은 대학예비고사를 보던 날이다. 예비고사를 포기한 날, 허전함에 내장산을 가기로 했었다. 친구와 함께 떠나던 여행길의 차창 밖 풍경은 외롭고 쓸쓸했다. 가을철마다 시작되는 지독한 가슴앓이가 그때부터 도진 것이었다. 가을은 남자들의 가슴을 아리게 하는 계절인가 보다.

〈비 내리는 호남선〉, 〈대전 발 0시 50분〉, 〈녹 슬은 기찻길〉 노래는 형님의 애창곡이었다. 기차가 등장하는 노랫말은 이별이 소재가 된 노래다. 〈홀로 가는 길〉 노래는 돌아가신 형님이 그리울 때 부르는 노래였다. "나는 떠나고 싶다. 이름 모를 머나먼 곳에, 아무런 약속 없이 떠나고픈 마음 따라 나는 가고 싶다. 나는 떠나가야 해. 가슴에 그리움 갖고서. 이제는 두 번 다시 가슴 아픔 없을 곳에 나는 떠나야 해. 나를 떠나간 님의 마음처럼 그렇게 떠날 순 없지만 다시 돌아온다는 말없이 차마 떠나가리라. 사랑도 이별도 모두가 지난 얘긴걸……."

군복 입은 채 응시한 예비고사 합격도 등록금이 문제였다. 대학 등록금을 돌아가신 형님이 축협조합장이신 김사중 선배의 어머님 조문금에서 빌려 오셨다. 전주와 군산을 오가던 통학열차를 타게 된 것이다. 학생증을 보이면 요금이 할인되던 시기에 삼례와 익산, 춘포와 대야를 거쳐 군산역까지 가던 열차 속은 장터 같았다. 농산물을 팔러 가는 사람과 장을 보러 가는 사람들로 완행 열차 안이 북적거려 사람 사는 냄새가 났다. 가을이면 떠오르는 추억 따라 간이역을 돌아보았다. 군산선은 익산에서 군산항까지 연결된 1912년 개설된 철도이다. 일본인 호소카와, 에토, 가와사키 농장 등에서 쌀을 실어 나르던 철도였다. 기차에 대한 이별 노래는 배고픔의 설움에서 시작된 것은 아니었을까. "진지 잡수셨어요?"란 독특한 인사말은 한국에서만 사용하는 내용이란다. 곡창의 평야에서 끼니를 걱정하던 고달픈 선조들의 아픔이 드러난 인사말이 서글프다. 약무호남 시무국가若無湖南, 是無國家라고 했던 이순신 장군의 말처럼 호남평야는 수탈의 곡창지역이었다. 1914년 이리와 여수를 연결한 전라선도 따지고 보면 쌀을 수탈하기 위한 철도였다. 슬픈 역사를 지켜본 춘포역사는 우리나라에서 가장 오래된 간이역사이다. 1936년 유럽 르네상스 건축과 일본 가옥의 절충식 건물인 임피역사를 돌아보았다. 전라선 복선화로 폐역사가 된 춘포역은 목조시멘트 벽체 일본식 단층 건물 그대로 보존되었다. 전국 체전 기간이라서 역사 주변은 익산으로 통학하던 지역민의 흑백사진이 전시되고 있었다. 사진 속 1960년대 인물들은 70대 고령이 된 사람들이다. 고향 마을의 허름한 주택들처럼 춘포와 임피역 주변에도 폐가들이 눈에 띄었다. 사라져간 농가들처럼 예전에 보았던 마을 사람들도 사라져 갔다.

가난했던 초가집의 어린 시절도 가슴이 아리다. 목이 메인 이별가는 사람과의 이별만 해당되는 것이 아니었다. 3·1운동이 벌어진 해에 일제의 양곡 수탈에 항거한 옥구농민들의 저항을 소설로 쓴 채만식 작가의 고향은 '임피'다. 임피역사 안에는 실물 같은 조형물들이 공간을 지키고 있다. 남부여대 장꾼과 학생, 검표원 제복과 승차권을 천공하던 가위도 반가웠다. 대야로 가던 길에, 임피라는 지명은 평야지역의 제방을 막은 '방죽에 다다르다'에서 유래되었다고 선배에게 들었다. '대장촌'이라 부르던 춘포, '동산촌'은 원래 삼례라는 지명을 일제 강점기에 만든 '신작로'처럼 새로 생긴 일본식 지명이다. 전시관으로 세워둔 통학열차에 올라갔다. 정차한 객실 안에 승객들이 실물처럼 앉아 있어 깜짝 놀랐다. 타임머신 같은 공간이었다. 탑동을 지나서 이제는 옛날 도로로 변신한 전군가도에 올랐다. 번영로에서 흐드러지게 피고 지던 벚꽃 가로수가 고목으로 변하였다. 지난 세월 속에 신작로의 역사를 지켜보던 나무들도 가지가 찢겨진 채로 널부러져 있었다. 날개 꺾인 새처럼 축 처진 가지가 힘겨운 듯하고, 검은 표피도 부스럼딱지같아 보였다. 도로 관리도 포기했는지 누더기가 된 4차선 도로에서 승용차도 터덜거렸다.

호남평야 가득한 누런 벼들도 차마 보지 못하여 고개를 숙인 듯했다. 삶과 죽음에 대한 윤회를 생각할까? 아니면 가장 뜨거웠던 지난 여름에 대한 아쉬움일까. 언제부턴가 승용차와 고속버스, KTX와 항공기 등 빠른 운송수단에 길들여졌다. 바람처럼 스며드는 나이 탓인지 가을이 되면 허전한 마음에 추억 속에 사라진 완행열차가 그리웠다. 떨어지는 낙엽처럼 사라져간 차창 밖의 풍경을 넋 놓고 바라보았던, 한숨 쉬던 그때가 그리웠다. 나는 홀로 떠나야만 한다. 낙엽처럼 사라진 지난 시절이 그리워졌다. 종착역을 향하는 인생열차는 완행열차처럼 천천히 달렸으면 좋겠다.

바지락칼국수

하서방 칼국수집의 메인 메뉴는 쫄깃한 면발에 바지락이 듬뿍 든 바지락칼국수다. 따뜻하게 반기는 사장님의 미소도 한몫을 한다. 값싸게 한 끼를 해결하는 칼국수집은 여성들이 주로 찾는 맛집이다. 무더위가 꼬리를 사리면서 서늘해진 9월에 바지락칼국수집을 네 식구가 찾았다. 바지락칼국수는 손이 많이 가는 음식 중 하나다. 건져내서 식힌 면을 '호로록' 당기는 돌 지난 손녀 모습이 앙증맞기 그지없었다. 딱히 좋아하는 음식이 없다시던 어머니는 막내딸이 사 주는 바지락칼국수가 최고라고 자주 말했다. 우리 집안의 최장수하시는 어머니는 소식가지만, 바지락칼국수와 팥죽은 예외다. 요양원 음식에 물린 어머니께 칼국수는 특별한 외식이다. 칼국수집에는 남성보다는 여성들이 항상 더 많은 이유도 알 것 같다. 분식으로 끼니를 때우는 칼국수를 나는 그다지 좋아하지 않는다.

모든 가족이 만족하는 외식 음식은 없다. 세대에 따른 입맛이 다르기 때문이다. 젊은 사위들은 고기류를 선호하고, 딸들은 면류, 아내와 나는 생선을 선호한다. 그 틈새에서 막내아들은 목소리 큰 사람 의견에 편승할 뿐이다. 칼국수로 식사를 마친 식구들이 귀가하던 차 안이었다. 아내가 심각한 표정으로 말하였다. "가을이 되면 갑자기 그립고 보고픈 사람이 떠오르지 않아?" 하고 묻는다. "이 가을에 누가 그렇게 그립도록 생각나?" 하고 반문했다. "바지락칼국수를 먹고 나니 돌아가신 친정어머니가 생각난다." 고 대답하였다. 그러더니 갑자기 어깨를 들썩이며 울고 있었다.

뒷좌석에 잠자코 있던 딸내미도 대화가 들렸던 모양이다. "유나야, 할머니 위로해주이라."고 조용히 속삭였다. 어리둥절한 어린 손녀의 동그란 눈동자가 후사경으로 보였다. 1960년대 보릿고개 시절이 떠올랐다. 가마솥에서 땀을 뻘뻘 흘리시면서 칼국수를 만드셨을 장모의 저고리 입은 모습이다. 바지락칼국수 준비를 위해 고향 바닷가로 나가 바지락을 캐왔을 것이다. 밭에서 자란 말린 밀을 절구통에 빻아 채로 밀가루를 거르던 모습이 떠오른다. 반죽으로 치댄 밀가루 뭉치를 떼어내 홍두깨로 떡판에 밀던 어머니 모습도 그려졌다. 널따란 떡판에서 밀어낸 얄팍한 면판은 한 장식 한 장씩 늘려 나갔다. 밀가루에 덮인 도마에서 송송송 면발이 잘라졌다. 아궁이에 지핀 불에 가마솥의 물이 펄펄 끓었다. 끓는 물속에 해감한 바지락 한 바가지를 부었다. 아궁이에서 피어나온 매캐한 연기와 열기 속에서 고개를 돌리며 실눈을 뜨고 일하셨다. 썰어 둔 칼국수가 불지 않도록 나붓나붓

조심스레 띄우는 모습을 바라보는 사람도 고통스럽다. 눈물, 땀방울로 얼룩진 저고리에 젖어드는 뜨거운 열기 속에서, 커다란 주걱은 휙휙 돌아갔다.

전후세대가 즐기던 바지락칼국수는 어린 시절 별미 중 별미였다. 바지락칼국수를 먹던 날은 특별한 날이었다. 바지락칼국수는 준비하는 과정의 품만으로도 허기질 일이었다. 아궁이에 불을 지펴 칼국수 만드셨던 장모를 그리워하는 아내에게는 위로의 말이 떠오르지 않았다. 친정엄마를 그리워하는 아내를 바라보며, 딸은 무슨 생각을 했을까. 후루룩 면발을 집어먹던 유나가 결혼하면 딸도 친정엄마가 그리울 것이다. 칼국수로 인한 집안의 4대 여인들의 인생은 뫼비우스 띠마냥 이어지고 있다.

진달래꽃술

"소쩍궁 새가 울기만 하면 떠나간 그리운 님 오신댔어요."

노래 가사만 들어도 큰누이가 떠오른다. 구슬프게 우는 새소리는 배가 곯아 죽은 사람이 새로 변해서 우는 소리라고 큰누이는 말했다. 솥 적다고 울던 새가 배가 고파 울면서 따먹는 꽃이 진달래라고도 들었다. 어린 나는 큰누이가 죽으면 소쩍새가 될 줄로 믿었다. 나를 업어 키운 큰누이가 친정에 왔던 추운 겨울밤이었다. 호롱불 아래에서 엄마를 껴안고 꺼이꺼이 울던 소리를 이불 속에서 자다가 들었다. 진달래꽃 피는 계절이 오면 두견새 우는 소리가 그때 서럽게 우시던 큰누이 울음소리처럼 들려온다.

초등학생 때 옆집 할머니 부탁으로 주산 과외선생이 되었다. 과외를 하던 때에는 간식으로 고구마나 감주를 주기도 했다. 그러던 어느 날, 할머니는 진달래꽃 지게미를 간식으로 내오셨다. 설탕에 재어둔 발효된 진홍색 지게미에는 달콤한 술맛이 남아 있었다. 처음 맛본 진달래 지게미의 달콤하고 싸한 술 냄새는 입맛에 맞았다. 내가 가르치던 후배들은 술 냄새가 난다며 먹지를 않았다. 술을 좋아하시던 아버지 탓이었을까? 나는 싸한 술 냄새가 스며든 지게미를 수저로 눌러 나온 진달래꽃술을 맛나게 마셨다. 대접에 눌러 짠 진달래 꽃술을 마시고 나니 목소리도 커졌다. 가감산 털고 놓기를 몇 번이나 하고 나니 정신이 몽롱해졌다. 수업하기가 어려워 곱셈과 나눗셈 문제풀이를 시킨 뒤 나도 모르게 잠이 들었다.

얼마의 시간이 흘러간지도 모른 채 할머니의 큰외손녀였던 여자친구 목소리에 눈을 떴다. 내 얼굴을 내려다보던 친구의 눈과 마주쳤다. 나는 그녀의 허벅지를 베고 잠이 들었던 것이었다. 얼굴이 화끈거려 얼른 몸을 일으켰다. 수업 받던 후배들이 사라진 큰 방안에서 할머니는 웃으면서 일어나셨다. 반닫이 위에 베개와 이불을 내려놓으며 "더 자고 가라."고 하셨다. 무안해진 얼굴로 방안을 뛰쳐나와 마루 밑 검정고무신을 끌고 나왔다. 밤하늘에는 아버지가 알려준 삼태성 별빛이 빛나고 있었다. 얼굴에 밤바람이 닿으면서 상쾌한 기분으로 휘파람을 불면서 집으로 돌아왔다.

다음날은 해리 장날이자 일요일이었다. 친구의 외할머니는 장터로 나가 운동화를 샀다면서 집에 가져 오셨다. 외손자와 그의 친구들에게 주산 과외를 시키는 나에게 과외비 조로 운동화를 사온 것이다. 청색 바탕 운동화는 하얀색 끈으로 타원형 양쪽을 조인 멋진 운동화였다. 닳아지지도 않는 생고무 밑창 운동화라 더 비싼 거라고 말씀하셨다. 국민학생 신발이야 모두 만월표 경성고무 검정고무신만 신고 다니던 시절이었다. 중학생이 되어야만 신어 볼 운동화를 받아들고 나는 입만 벌린 채 한마디 말도 하지 못했다. 그날 밤 운동화를 이불 속에 감추고 잠이 들었다. 등굣길 신작로에 수많은 학생 중 운동화를 신고 다닌 학생은 혼자뿐이었다. 아니 학교 전체에서도 운동화를 신은 사람이 보이지 않던 때였다. 한 번만 운동화를 신어 보자고 보채던 친구들에게 운동화가 닳아진다고 뻐기던 그때는 왕이 된 듯 행복하였다. 이십 리 편도 버스 삯이 15원 하던 때 350원짜리 운동화였다. 새봄에 중학생이 되었다. 교복과 신발까지 검정색 일색이던 시절이었다. 진학 못 한 친구들은 교복과 운동화를 신은 친구들을 보고 먼발치부터 피해 다녔다. 운동화는 중학생들만 신던 신발로 알던 때였다. 10명이 넘던 여자 동창 중에 홀로 중학교에 입학했던 여자 친구도 중학생이 되고 나서 파란색 운동화를 신고 다녔다.

남, 여가 유별하던 1970년대였다. 남학생들은 남학생끼리, 여학생은 여학생끼리 왕복 16킬로미터를 통학길을 걸어다녔다. 신작로가 아닌 지름길로 걷던 산길마다 진달래가 만발했다. 하굣길에 따먹던 진달래는 간식거리였다. 진달래 꽃잎을 따 먹던 파래진 입 안을 보며 서로 웃기도 했다. 진달래꽃술의 달콤했던 기억으로 진달래꽃술을 집에서도 담그기로 하였다. 앞산과 뒷산에 들불처럼 피고 지던 진달래꽃을 뒷산에서 가서 같이 땄다. 작두로 퍼 올린 우물로 씻은 진달래꽃을 채반에 말렸다. 항아리에 꽃을 먼저 담고 그 위에 같은 양의 설탕으로 재었다. 이틀이 지나고 나서 아버지는 대두병 2개의 소주를 부었다. 손꼽아 기다리던 백 일이 지나고 술을 걸렀다. 술을 거르고 남은 지게미를 맛보았으나, 친구 할머니가 주셨던 진달래꽃술의 단맛이 나지 않았다. 토요일 오후 아무도 몰래 아버지가 광에 보관해 둔 두견주를 마셨다. 머리가 빙빙 돌아 아랫방으로 들어가 잠이 들었다. 들에서 들어온 아버지는 깨우면서 어디 아프냐고 물었지만 고개만 저었다.

진달래꽃술에 취한 나만이 간직한 비밀이었다. 숨겨둔 비밀이 되살아난 것은 충남 한산에 사시던 처형이 사온 소곡주를 마시고 나서였다. 한산의 명주 소곡주의 원재료는 진달래꽃과 찹쌀이다. 어느 봄날 항공대장 C 선배는 한산에서 공수해온 소곡주나 마시자고 나를 불러내었다. 진달래꽃술에 취했던 어린 시절을 회상하며 과음했던 그날 밤, 앉은뱅이 술의 위력에 다리가 풀려 나가떨어졌다. 넓다란 선배의 어깨에 기대어 화물貨物처럼 방안으로 배달되었다. 선배는 쌩쌩한데 혼자 취한 나를 본 아내의 지청구에 나는 화물禍物이 되고 말았다. 잊고 살아온 친구 할머니의 외손주 사랑을 외손주를 키우면서 알게 되었다. 대여섯 켤레의 외손녀 신발을 사주면서 운동화 선물에 고마워했던 그때가 다시 떠올랐다. 진달래 만발한 봄날이 오면 할머니 무덤에 두견주 한잔 올리고 싶다.

상여놀이

"아- 하, 아- 하, 어쩔거나 어쩔거나 불쌍해서 어쩔거나."

상여놀이에 메기는 숙부의 선창이 밤하늘에 메아리처럼 울려 퍼졌다. 빈 상여를 멘 장정들이 진양조 느린 가락으로 받고 있었다.

"어허- 넘, 어허- 넘, 어허- 넘, 어허-너엄."

"북망산천 멀다더니 바로 앞이 북망일세. 어허지고, 어허지고."

"어허- 넘, 어허- 넘, 어허- 넘, 어허-너엄."

"삼천갑자 동방삭은 삼천년을 살았는데 북망산천 가는 길이 어찌 그리 급하셨소. 어허지고, 어허지고."

"어허- 넘, 어허- 넘, 어허- 넘, 어허- 너엄.'

못-가 겠 네, 못-가겠네. 한 번 가면 못 올 길을 너를 두고 어찌 - 가나."

"어허- 넘, 어허- 넘, 어허- 넘, 어허-너엄."

삼베 상복과 굴건을 쓴 형제들과 아들, 상복喪服을 입은 여인들은 백지로 감은 지팡이를 짚고 죄인처럼 허리를 굽혔다. 어머니와 작은 어머니 세 분, 고모 두 분과, 시집 간 누이 넷, 며느리 두 명이 상여 뒤에 섰다. 누런 상복에 짚으로 만든 허리띠, 산발한 머리 위에는 고리 테를 얹고 있었다. 지팡이에 기대어 가성 곡소리가 시작되었다.

"아이-고 아이고, 아-이고 아이고……."

곡소리에 농담을 걸던 짓궂은 상여꾼도 보였다.

"외양스럽게 울지 말고 눈에 침이라도 바르고 우는 시늉을 하시오."

차일 밖 마당 한쪽에 '따다닥' 소리를 내며 장작불이 맹렬하게 타올랐다. 시간이 흐르면서 곡소리는 차츰 구슬프게 퍼졌다. 장작불 옆에 둘러선 구경꾼 눈가에 맺힌 눈물이 모닥불빛에 반짝이다가 이슬처럼 떨어지고 있었다.

"고인은 심덕이 고왔지, 이제 살만하니 돌아가시다니 불쌍하구먼."

"아니여 호상이여, 죽음복 타신 분이여." 들어서지 못한 담장 밖 사람들의 소곤거림도 들렸다.

야밤에 벌어지는 빈 상여놀이는 볼거리 많은 잔치였다. 사계절 어느 때나 상가에서 벌어지던 민속놀이 중 하나였다. 망자의 일생을 회고하는 요령잡이 소리꾼의 사설은 불꽃처럼 퍼져 나갔다. 위친계를 통하여 들여온 막걸리 단지와 소주 궤짝, 팥죽이 조문객과 상여꾼, 구경꾼들에게 무한 제공되었다. 상여 앞에 매달아 놓은 새끼줄에는 유족들이 끼운 지폐가 상여꾼들의 움직임 따라 흔들거렸다. 망자의 황천길 배웅에 나선 유족들의 곡소리도 밤하늘에 연기처럼 사라져갔다. 이별의 슬픔은 망자로 빙의한 소리꾼의 사설에 따라 유족들의 통곡소리도 변하였다. 삼 년 시묘살이와 백 일 탈복, 사십구재와 삼우제 탈상 풍습이 이제는 당일 탈상으로 변화했다.

주자가례 유교식 장례문화였던 두레와 계, 향약 형태로 이어지던 상여놀이도 사라져 버렸다. 백이십여 호가 옹기종기 모여 살던 마을에서 망자의 나이와 신망에 따라 호상도 달라졌다. 볼거리가 흔치 않던 시절에 음식과 술, 소리꾼의 구성진 사설이 있던 상여놀이는 볼만하였다. 골목 담 벽에서 기댄 아낙들은 망자의 마지막 길을 배웅하였다. 슬피하던 동네 사람들은 평생을 같이 살아왔던 사람들이었다. 누구도 피해갈 수 없는 죽음의 그림자에 대한 서러움이라고도 했다.

빈 상여놀이 때 들었던 소리꾼의 예행연습은 상여 행렬에 서면 더욱 처연했다. 영원한 이별의 순간이 가까워지는 운구 행렬에 유족들의 애달픈 통곡은 보는 이들까지 슬프게 하였다. 산 사람과 죽은 자의 이별의 순간은 언제나 숙연하다. 소리를 메기던 작은아버지는 빈 상여놀이를 마치신 다음 펑펑 우셨다. 일본 탄광에서 막장 사고로 귀향하여 아버지와 소금을 구워 파신 이야기를 자주 들었다. 세금을 내지 않는다고 순사에게 맞아, 죽었다고 거적에 덮인 아버지를 지게로 운반하셨다고 했다. 되살아나신 형님에게 설날마다 음식상을 직접 들고 오셔서 세배를 드리던 모습은 너무 경건하였다. 어느 틈에 아버지 형제 6남매와 작은어머니 한 분, 누님과 형님까지 아홉 분이 돌아가셨다. 돌아가신 모든 분들은 매장되었다. 세 분의 작은아버지 중에서 두 분의 장례까지는 빈 상여놀이가 이어졌다. 소리꾼 셋째 작은아버지가 돌아가신 뒤, 나는 빈 상여놀이를 다시는 보지 못했다. 공무원이 되면서 하루 휴가였기에 소리꾼 작은아버지의 장례를 지켜볼 수 없어 안타까웠다. 서울에 사시다 돌아가신 넷째 작은아버지, 둘째 누이와 형님 모두 운구차에 실려 묘지에 안장하던 현장만 지켜보았다.

초로 같은 인생, 일장춘몽처럼 지나버린 어머님의 청춘을 나는 알지 못한다. 덕진구 금상동 회안대군 묘역 앞 요양원이 새롭게 보였다. 옥상에 나온 노인들은 묘지를 바라보며 무슨 생각을 할까 궁금해졌다. 눈만 뜨면 바라다 보이는 묘지는 모두 가야 할 본향이었다. 요양원에 계시는 어머니는 아직도 꽃상여 타고 선산에 묻히기를 바라시는데…….

내 탓이오, 내 탓이었다

나는 살인자였다. 내가 죽인 사람을 바라보면서도 불쌍하다거나 죄의식을 느낄 수 없었다. 방청석에서 소란스럽게 울부짖던 유족들도 가소롭게 보였다. 죽어야 할 사람을 죽였다는 우국지사처럼 재판정에서 최후 진술을 하였다. 구형을 하던 일본국의 검사까지 죽이겠다는 생각을 하면서, 분노의 눈길로 째려보았다. 이율배반적인 일본 지도자들을 어떻게 죽여야 완전범죄가 되는 걸까? 재판정에서 살인을 꿈꾸던 자신을 알고 깜짝 놀라, 벌떡 일어났다. 악몽에서 깨어나자마자 침대 맡에 핸드폰을 누르니 새벽 2시였다. 그동안 보고, 처리하였던 죽은 사람들의 얼굴들이 떠올랐다.

훈련소 입소를 앞두고 변사체로 발견된 친구, 연탄가스로 실연한 애인에게 자살로 보복했던 처녀, 사건현장에서 부검하던 사체들도 떠올랐다. 결혼식을 반대한 애인 가족을 권총으로 살해하고 자살한 군대 후임도 있었다. 죽음으로 내몰았던 가해자, 억울한 삶을 마감한 가련한 영혼 모두를 위해 손을 모았다.

악몽이었다. 나도 모르던 의식 속에 살인 유혹이 잠재의식인 꿈으로 표출된 것은 아닐까? 아니, 오늘이 누구 제삿날이어서 꿈에 보인 것은 아닌지, 최근 접한 뉴스가 의식 속에 남아 꿈으로 나타난 것일까? 달력을 보니 광복절 연휴였다. 일본에 대한 저주는 일본 731부대의 생체실험 현장과 닮았다던 소록도 해부실과 마루타의 의심이 된다는 윤동주 시인의 주검까지 떠올랐다. 뉴스로 보았던 후쿠시마 원자로와 해일, 원인도 모른 채 수장된 피해자들의 원혼이 나타난 꿈이었을까?

북해도를 출발한 부산행 귀국선 우쿠시마호는 7천여 명의 조선인이 수장된 침몰 선박이다. 일본 서해 연안에서 일본 선원과 군인들만 피신 직후, 배는 폭발한 후 침몰했다고 한다. 탄광에 끌려갔다가 바닷속에 수장된 원혼들을 누가 달래야 할까? 세월호와 우쿠시마호 여객선을 건조한 나라는 일본이다. 수학여행에 들뜬 학생이나, 귀국선에 승선한 징용인들의 웃던 모습이 아비규환으로 변하며 물속으로 사라지던 TV 영상은 잊을 수 없다.

빅토리아호의 선장 레너드 라루 선장은 세월호 크기의 화물선에 1만 4천 명의 피란민을 태우고 거제도에 도착한 미국인이다. 우쿠시마호 정원의 6배, 세월호 승선인원보다 30배나 많은 인원을 태우고 3일간의 항해로 배 안에서 출산한 아기까지 14,001명을 살려낸 영웅이었다. 5~6일 동안 현장을 지켜본 그는 난민을 구출한 다음 봉쇄

수도원에 마리너스 수사로 종신서원 후 평생 기도생활로 일생을 마쳤다.

광복 70년 세월에 분단의 원인과 책임을 져야 할 나라가 어디인지 우리는 알고 있다. 3일 연휴 기간에 뒤숭숭한 꿈으로 뒤죽박죽 여러 사건이 떠올라 혼란스런 아침이다. 2012년부터 진행하는 민사재판에 대한 잠재의식이 표출된 꿈이라는 결론을 내렸다. 여신 심사위원장의 책무를 져야 하는 위치에서 내가 저지른 잘못 또한 내가 감내할 책임이었다. 지루하게 진행되는 민사재판 또한 내 탓이오, 내 탓이었다.

인터넷 라면

다섯 명의 가족이 떠난 무주구천동 스키 여행이었다. 아내는 콘도에서 비용을 아끼자며 두 끼 식사는 라면 여덟 봉지로 해결하자고 챙겼다. 콘도에 도착하자마자 밥솥에 라면 네 봉지만 꺼내 끓이던 중이었다. 이를 본 아이들은 봉지라면 네 개는 너무한다며, 다 끓여 먹자고 소리쳤다. 이때 걸려온 전화를 받던 아내가 갑자기 사무실에 나가야 된다며 되돌아가자고 서둘렀다. 끓이던 라면이나 먹고 가자는 말에 "집에 가서 먹자."는 것이었다.

아내의 성화로 급하게 운전대에 올라 콘도를 벗어나 전용도로에 오를 때쯤이었다. 화가 난 나는 퉁명스럽게 말했다. "도대체 집에서 라면을 어떻게 먹자는 거야?" 아내의 대답이 이어졌다. "인터넷으로 땡겨 먹으면 되지."

생필품까지 인터넷을 통해 구입하던 아내다운 답변이었다. 화를 누르며 냉정하게 다시 물었다. "콘도에서 끓고 있는 라면이 퍼지고,

끓다가 화재가 발생하면 누가 책임져야지?" "아니, 내가 착각했네. 빨리 되돌아가서 먹고 가자."

차를 되돌려 덕유산 콘도로 가자고 했다. 중앙선을 U턴하다가 화가 폭발하고 말았다. "이 여자가 미쳐도 단단히 미쳤네!" "아니, 이 남자가 남편 맞아? 지금 연말정산과 부가세신고 기간이라 눈코 뜰 새 없는 사람을 데려와 놓고 어디서 화를 내는 거야?" 아내의 말대꾸에 몸이 부르르 떨렸다. 화를 이기지 못하고 씩씩거리다 벌떡 일어나 보니 꿈이었다.

침대 옆자리에는 아내가 곤히 잠들어 있었다. 이른 아침부터 밤늦도록 컴퓨터와 씨름하던 이내다. 자정 무렵 갑자기 다리의 마비 증세가 나타났었다. 한의원과 집 근처 병원에서 주사를 맞고 약을 복용했어도 차도는 없었다. 민간요법으로 프라이팬에 볶은 소금을 허리에 차고 일하는 아내가 안쓰럽다. 연말정산 기간에 국세청은 일과시간에 컴퓨터 연결을 제한한다. 평일 새벽부터 저녁시간, 휴일에도 재택업무를 처리하는 것이 아내의 일상이다. 하루 종일 컴퓨터와 씨름하던 아내의 절박한 모습이 꿈에 나타난 것이다.

꿈이 현실로 변하는 시대가 다가왔다. 얼마 전, 아내의 지인들과 용인 에버랜드에 갔다. 에버랜드 디지털 테마파크 VR관에서는 홀로그램으로 제작된 가상현실 콘텐츠를 관람하였다. 고글 같은 도구를 눈앞에 장착하고 자연과 역사를 재현한 장면을 시청하였다. 360도 전방위 카메라 앵글 속에 펼쳐진 입체적 화상은 비행기를 탄 듯한,

착각이 든다. 시공을 초월한 역사 속 주인공 같은 가상이 현실 같은 환상의 세계였다. 스펙터클한 과거와 현재가 꿈인지 현실인지 분간하기 어렵게 제작되었다. IT 기술의 발전은 새로운 경험과 비일상적인 체험을 맛보게 하고 있다.

기술발전은 꿈과 현실의 경계를 넘나드는 새로운 영역에 다가섰다. 이미 뉴질랜드에서는 작년 말, 드론을 이용한 피자 배달에 성공했다고 한다. 인터넷으로 라면을 받아 먹으려 했던 꿈같은 일은 드론의 등장으로 가능한 현실이 된 것이다. 컴퓨터가 세상을 지배하는 알파고 시대는 바둑을 통하여 눈앞에서 확인시켰다. 조리하는 음식을 TV를 통하여 양방향 동시간대, 동일한 음식이 만들어지는 시대가 다가왔다.

꿈속에서 끓이던 라면을 덕유산 향적봉에서 주문배달로 맛보게 될 꿈같은 현실이 다가오는 중이다.

액막이연 날리기

보름달이 남산 위로 두둥실 떠오르면 우리 집 마당 달집에 불을 지폈다. 시누대 타들어간 소리는 총 소리 같았다. '후두둑 후두둑, 뚝 탁 뚝 탁, 타다 탕' 소리가 연달아 들렸다. 불길이 맹렬하게 처마 위로 올라가면 왕대 터지는 폭음이 시작되었다. "팡, 파방, 팡 팡 팡" 잡귀가 도망가기 전, 나부터 혼비백산하여 집 밖으로 뛰어나갔다. 달과 함께 잡귀와 액을 몰아낸다던 아버지는 마당 한가운데에 모닥불을 준비하셨다. 왕대 몇 개를 사다리꼴로 묶어 세운 다음 대나무 사이에 짚단을 채운다. 시누대와 솔가지를 사다리 주변에 수북이 쌓았다.

기해년 정월 대보름날은 우수였다. 절기 따라 하루 종일 이슬비가 내렸다. 저녁달을 보고서야 보름날임을 알았다. 달집을 태우거나, 쥐불놀이를 본 지도 까마득한 옛일이 되고 말았다. 대보름날 아침에는 오곡밥을 먹고 더위 팔던 풍습도 사라진 추억이다. 주차를 하고 나오다가 먹구름 사이로 얼굴을 내민 보름달을 보았다. 액막이연 싸움을 하던 시절을 생각하다가 잠이 들었다.

대보름날 액막이 연날리기대회 광고를 보았다. 하얀 두루마기에 검은 망건을 쓰고 참가하는 연날리기대회 장소가 집에서 바라보는 완산칠봉이었다. '거꾸리' 운동 도중 귀에서 나온 피가 가뜩 신경에 거슬리던 터였다. 기분 전환을 위해 대회 액막이연을 날려 액땜이라도 하고 싶었다. 아버지가 만들어준 비료 포대로 만든 가오리연에 꼬리까지 달고 나갔다. 팔각정 아래 광장에서 노인들이 연을 날리는 모습이 보였다. 학산과 완산칠봉 공간으로 일찍 띄운 방패연 줄이 보였고, 알록달록한 태극 문양 방패연이 장관이었다. 어린 시절 대보름날 연싸움에 나는 항상 패자였다. 황급하게 대회에 참가하면서 유리병과 사기그릇을 깬 가루를 밥풀에 섞어 연줄에 입혔다. 서둘러 연실에 입힌 풀기가 얼레에서 굳어질까 봐 조바심도 났다. 팔각정에서 등록을 하려니 진행요원은 방패연만 가능하다고 말했다. 복장까지 챙겨가지고 올라왔는데…….

당황한 표정을 본 그는 참가를 허락하면서도 비웃는 듯했다. 광장으로 내려와 연을 띄우자마자 연 자새는 스르르 풀렸다. 샛바람을 받은 가오리연이 보름달 곁으로 높이 떠올랐다. 방패연 일색의 하늘에서 볼품없는 가오리연은 꼬리를 흔들며 순식간에 곧추섰다. 여기저기에서 연날리기 대회 1등은 당상이라며 엄지를 치켜 주었다. 칭찬하던 사람들에게 인사를 하려다 말고 깜짝 놀랐다. 그들은 얼굴을 하얀

가면으로 가린 채 눈동자만 반짝거렸다.

순간 연 싸움을 걸어 방패연 연줄이 끊어지면 나타날 그들의 얼굴이 궁금해졌다. 언제 올라왔는지 선친은 입구 쪽에 서서 빤히 바라보고 계셨다. 아무 말도 없던 아버지가 휙 돌아서 내려가는 모퉁이로 하얀 두루마기 옷고름이 바람에 날렸다. 아버지가 사라지자마자 하늬바람이 몰아쳤다. 보름달 곁에 떠 있던 가오리연이 갑자기 반대방향으로 이동하자, 돌연한 기상 이변에 참가자들이 웅성거렸다. 기류 따라 흔들거리던 연무鳶舞 속에서 내 가오리연만 땅으로 곤두박질쳤다. 광장 가운데로 떨어져 박살난 연을 바라보다 나도 모르게 머리를 감싸 쥐었다. 양쪽 귀를 감싼 채 깜짝 놀라 일어나 보니 꿈이었다.

머리에서 손을 내리는데 왼손에 끈적끈적한 감촉이 느껴졌다. 잠자리에서 일어나 화장실로 갔다. 거울 속에 나타난 왼쪽 귀에 피가 보였다. 면봉을 찾아 귓속 가득한 피를 몇 번이고 찍어 내었다. 달그락거리는 소리에 일어난 아내가 방안 불을 켰다. 내가 벤 베개 위에 선혈이 흥건했고 이를 본 아내가 놀라 응급실에 가자고 재촉하였다. '위급할 때일수록 침착하자.'는 생각을 하던 중 아스피린 부작용이 떠올랐다.

혈액을 묽게 하는 아스피린은 출혈 시 지혈이 잘 안 되니 조심하라던 심혈관 주치의사의 설명이었다. 피가 밴 베갯잇을 세면기에 담그던 아내를 안심시켜야 했다.

"이제 피가 그쳐 괜찮아, 자자."고 말했다.

아내가 베개에 덮어 놓은 수건 위에 머리를 내리고 천장을 바라보고 있을 때, 아내의 잠든 숨소리가 더 크게 들렸다. 내가 잠든 순간에 출혈이 멈추지 않으면 죽을 수도 있다는 생각이 들었다. 우주의 혼돈(카오스)처럼 혼란스러운 마음속에 갈팡질팡 잡념만 끊임없이 이어졌다. 새벽 두 시부터 세 시까지 꼬박 아내의 숨소리 속에서도 잠을 이룰 수 없었다. 다시 가만히 일어나 양 귓속에 탈지면을 쑤셔 넣어야 했다. 먹먹한 상태에서도 모든 감각이 귀에 집중되면서 잠은 달아났으나 피가 나오는 것 같지는 않았다.

책상 위에 읽다 놓아 둔 칼 세이건 《코스모스》 책 속의 한 문장이 떠올랐다.

"우주의 질서" 그래, 운명은 재천이다, 삶과 죽음 또한 우주의 질서가 아니겠는가? 눈을 뜨지 않으면 영면이라는 생각을 하고 나자 이상하게 편안해졌다. 액막이연이 고덕산 자락으로 다시 날아가기를 바랐다. 내가 태어났다던 인시에 일어났건만 꿈은 이어지지 않았다. 죽지 않고 깨어났다는 사실이 기뻤다. 꿈속에 마주친 선친의 눈매가 선명하게 떠오른다.

수성당 추억

군복을 들고 두 손과 발아래로 흘러내리는 핏물을 바라보았다. 흐느적거리며 군복 가랑이에 두 발은 끼웠으나, 군화 줄을 잡아당기기조차 버거웠다. 까마득한 벼랑을 거북이처럼 엉금엉금 기어서 올라갔다. 애당초 용굴 속에서 벌거벗은 상태로 위도까지 헤엄쳐 간다고 나선 자체가 말도 안 되는 발상이었다. 벼랑 암벽에 둥지를 틀고 푸드덕거리던 산비둘기조차 오수에 들어간 시간이었다. 1시간 이상 바닷가에서 사투를 벌이다 올라온 분대장에게 “근무중 이상무”라는 구령이 없던 병사도 경계호에서 철모를 쓴 상태로 꾸벅거리고 있었다. 축 처진 나를 유일하게 반겨준 잡종 경비견만 꼬리를 흔들며 마중 나왔다.

수성 할머니가 풍어를 기원하며 빌었다는 수성당은 변산8경 중에서도 빼어난 경승지였다. 수성당 초소로 불리던 장소는 언제부턴가 사라지고 무당들의 제기가 자리 잡았다. 수성당 절벽에서 바라보는 채석강과 닭이봉, 용굴과 적벽강 주변의 달빛에 아롱지는 물결은 아무리 바라보아도 신비스런 절경이었다. 반년 남은 군대 생활에 새로운 추억을 남기기 위한 계획은 당초 실현 불가능한 꿈이었다. 다만 용기를 내서 남자들만 탄 어선에 올라 수성당과 적벽강 절경을 구경해 볼 심산으로 감행했었다. 점심을 먹은 나른한 오후에 후박나무가 늘어선 죽막동 해안에서 전어 떼는 물 반, 고기 반 뛰어놀았다. 간만의 차가 정체된 시기였다. 벼랑의 용굴로 내려가 용굴 가운데 우뚝 선 바위 아래 넓적한 돌 위에서 옷을 벗기 시작하였다. 군화 위에 군복을 개서 올리고 옥양목 팬티까지 모두 올려놓았다. 폐장한 채석강 해수욕장에서 듬성듬성 군부대가 있던 수성당까지 걸어 찾아오는 관광객은 없었다. 용굴 앞바다는 나 혼자 즐기는 풀장 같았다. 바닷물을 가슴에 적시자마자 첨벙 뛰어들자 흐르던 땀이 씻기며 상쾌하였다. 정식으로 수영을 배운 적도 없었지만, 고향 뒤 바다 고양이뿔해수욕장에서 자연스레 체득한 개구리헤엄으로 천천히 나아갔다.

경계 초소에서 내려다보던 농어 낚싯배와 살키미마을 어선들이 드나들던 해로가 바로 눈앞이었다. 어차피 지나가는 마을 배를 만나면 올라타서 돌아올 작정이었다. 한참 동안 열심히 헤엄쳐 나가다가 수면에 잠긴 아랫배로 한기를 느꼈다. 배가 다니는 항로를 지나가던 때였다. 학창시절 저수지에서 멱 감던 때 느끼던 오싹한 한기에 머리털이 곧추섰다. 정신을 차리고 해면에서 눈높이로 바라본 위도는 까마득한 거리 그대로였다. 곧장 반듯하게 용굴에서 직선으로 헤엄쳐 왔는데 적벽강 쪽이 아닌 채석강과 적벽강 사이로 흘러든 것이었다. 채석강과 수성당 초소도 물속에서 아주 멀리 떨어진 풍경화같이 보이는 거리였다. 수심 깊이나 확인하고 되돌아가기로 작정하였다. 모든 숨을 한껏 마신 다음 두 손을 모아 하늘을 찔렀다. 10초 20초 30초쯤 내려가면서 조금씩 숨을 내뱉었으나 수압으로 인하여 갑자기 가슴이 답답해오는데 발끝은 바닥에 닿지 않았다. 양팔과 다리로 물을 힘껏 찼다. 깊은 물속 수압으로 가슴이 터질듯 한 압박을 가까스로 견디며 밝은 빛을 느끼고도 한참 만에 수면으로 솟아오르며, 나도 모르게 '휘유' 소리가 절로 나왔다. 해녀들의 숨비소리가 나는 이유를 알았다.

해녀를 생각하다가 라디오 뉴스로 들었던 인근 연도에서 물질하던 해녀 세 명이 백상아리에 공격을 당했다던 끔찍한 뉴스가 떠올랐다. 금방이라도 심해의 상어가 다가올 듯 두려워졌다. 개구리헤엄에 물살에 흔들리는 내 중요부분을 고기로 알고 상어가 물어뜯을 수도 있다는 생각이 들어 오싹해졌다. 장가도 안 간 총각인데 상어 미끼로 물어뜯기는 불상사를 피하기 위해 배영자세로 바꿨다. 그 많던 갈매기 한 마리도 보이지 않던 바다 위에서 구름 한 점 보이지 않던 하늘도 바다 같았다. 휴식을 취하듯 느긋하게 한동안 연안을 향하여 양팔을 저어 나갔다.

얼마의 시간이 지났을까. 물의 온도가 다시 변하였고 파도와 파랑이 일면서 출렁거리던 짠물이 눈에 들어와 몸을 돌렸다. 해안 가까이 도착한 줄 알았던 방향은 조류 따라 남쪽 방향으로 출발지와 더 멀어진 망망대해였다. 두려워진 순간 쭈글쭈글해진 손바닥을 보았다. 높아진 파랑을 보면서 들물임을 알았다. 힘이 빠지면서 흔하게 표류하던 둥그런 유리병이나 나무토막, 스티로폼을 찾아보아도 아무것도 없었다. 그날따라 지나가는 배도 없었다. 족히 1킬로 이상의 해상에서 할 수 없이 개구리헤엄으로 어기적거리며 입수했던 용굴을 향해 나아갔다. 힘겹게 도착한 용굴 입구의 밟고 뛰어든 바위가 이미 물속으로 사라졌고 밀물 파도가 암벽에 부딪치면서 되돌아 나온 물살만 소용돌이 속에서 거품이 돌고 있었다.

그곳으로 나아가려다 밀려온 파도에 휩쓸려 되돌아 나오는 아찔한 상황에 겁이 났다. 암벽을 통해 접안하려 해도 파도에 휩쓸려 다시 바다로 내동댕이쳐졌다. 휩쓸릴 때마다 손과 발이 따가웠다. 용굴 입구를 바라보며 회오리 같은 소용돌이에 휩쓸려 도저히 접근할 수 없어 죽을 수 있다는 생각이 들면서 오돌오돌 떨렸다. 접안도 힘들었지만 바다로 되돌아 나간다 하더라도 안전한 채석강 해수욕장까지 2킬로 넘는 거리를 헤엄쳐 나간다는 것은 엄두도 못 냈다. 수차례 접안에 실패하면서 따개비와 굴 껍질에 베인 손바닥 상처가 쓰리고 아렸다. 힘이 빠지는 것이 느껴지면서 이판사판으로 큰 파도에 의지하여 접안을 시도하기로 하였다. 밀려오는 파도를 골라 시도한 끝에 구사일생으로 용굴로 기어나온 것이다.

지리산 자락에 사는 문우는 바다가 보고 싶다며, 격포에서 한턱 쏜다고 했다. 나는 습관처럼 변산반도 둘레길에 올라 방앗간을 찾는 참새처럼 수성당으로 향했다. 겨울바다는 지나간 사연을 숨기고 흰 이빨을 드러내며 웃고 있었다. 성큼성큼 뛰어가면 바로 닿을 듯한 하섬, 석도, 소당도, 위도가 눈앞에 다가왔다. 호수처럼 잔잔한 바다라도 썰물과 대조기 때는 바람을 몰고 와 바닥을 드러내며 울부짖기도 한다.

죽을 고비에서 살아나온 변산반도에 꽈리처럼 자리한 송포, 고사포, 격포, 왕포, 줄포와 후박나무 군락지 위의 수성당 용굴을 쪽을 가리켰다. “당 초소는 705 지방도로 전주에서 80km BQ705461 지점에 위치합니다. 좌측 12km 지점에 형제섬이 있습니다. 전방에 위도, 우측보이는 섬은 소당도와 석도입니다.” 제대 말년, 수성당 옆에 지하 콘크리트 수성당 초소 분대장 시절 브리핑 서두이다.

변산8경 중 으뜸은 격포 채석강과 적벽강 사이 용굴 옆 해안 돌출부 암벽에 자리 잡은 수성당이다. 수성당은 풍어와 사고를 막는 수성할머니를 기리는 작은 사당이다. 수성당 옆으로 후박나무 군락지와 죽막마을과 살쿼미마을은 수산치어양식장과 대명콘도가 들어섰다.

해안선 따라 구축했던 경계호와 순찰로 인근에 살던 20여 호의 주민들 이름까지 눈 감아도 떠오른다. 채석강 절경이 여전히 아름다웠다. 해안으로 돌출된 적벽강과 수성당 진입로에는 예전에 없던 숙박시설이 들어섰다. 썰물에 드러나는 바닷가를 용굴을 통해서 후박나무군락지까지 되돌아다녔었다. 연안에서 잡아온 돌게와 해삼, 소라가 널려 있던 때였다. 후임이었던 전우들도 60세가 되었으니, 38년 전 늦여름이었다. 광복절이 지나면 해수욕장은 폐장되었다. 적막한 초소 옆에서 주인 없는 드럼을 두드려 보아도 한낮은 늘 외로웠다. 눈앞에 나타난 임수도와 위도가 무료했던 나를 유혹하던 그때가 그리웠다.

점심을 마치고 새만금 방조제 따라 새로 생긴 장자교를 차량으로 건너갔다. 예전에는 생각도 못한 여행이었다. 헬기와 배를 타야 볼 수 있었던 선유도도 육지가 되었다. 변산 반도의 아름다운 추억이 또 하나 남았다.

2. 연꽃처럼

기분 좋은 아침

40년 전, 1만 원도 안 되던 병장 봉급이 올해 40만 원으로 올랐단다. 군인 딸이 사관생도 때 받았던 품위 유지비와 같은 급여 수준이다. 사관 후보생이 쓴 가계부에 "군것질 PX 2,500원"이라고 쓰여 있다. 결재란에 "사랑하는 엄마, 대위 황지성" 버리려다 기록된 내용을 보고 가계부를 서재에 보관한다. 막내아들은 사병으로 근무하던 때부터 용돈을 주었으나 후보생 딸은 용돈을 사양하였다. 뒤늦게나마 가장 활발한 활동시기에 군복무를 하는 사병의 급여를 현실화시킨 것은 잘한 일이다.

많은 신용불량자와 다중채무자들이 파산하는 세상이 되었다. 개인과 지자체, 국가의 미래는 수지 균형의 여지에 따라 미래를 설계하고 계획을 세운다. 어린 시절 과소비하던 둘째 딸의 습관이 사관생도가 되면서부터 180도 바뀌는 것을 보았다. 가정이나 기업은 수입과 지출의 균형이 이루어져야 건전한 미래의 희망과 비전이 있다. 사관생도의 가계부 검열은 사병들에게도 전파해야 할 경제 교육이라 생각한다.

자녀들이 자라나던 시기에 나만의 용돈 지급 기준이 있었다. 기본급은 초등학생 오천 원, 중학생 만 원, 고등학생은 만오천 원이었다. 학년이 올라가면 1,000원씩 올려주었다. 고등학교 3학년이 되어도 18,000원이다. 자녀들은 또래 친구들보다 형편없이 적은 용돈에 불만이 많았다. 그러나 용돈의 지급기준 기본 틀은 세 살 터울의 자녀에게 똑같이 적용하였다.

삼남매 용돈은 같은 날 은행통장을 통하여 지급하지만 소비 형태는 각자 달랐다. 큰딸은 아끼면서도 쓸 데에 쓰는 형, 둘째는 하루 이틀에 모두 소비하는 기분파였다. 자녀들의 부족한 용돈은 논공행상을 통해 보충해 주었다. 학교 전체에서 상위권을 유지하면 핸드폰을 사주고 두둑한 용돈을 지원하였다. 성적표가 오던 날, 성적이 오른 사람과 떨어진 자녀들의 희비가 엇갈렸다. 중학생부터 성적이 떨어지면 다음날 바로 핸드폰을 정지시켰기 때문이다.

둘째 딸은 고등학생이 되어서도 자유분방한 영혼이었다. 단오제는 물론 월드컵 응원현장에도 혼자 나갔다. 외박 한 번 없던 언니와 달리, 친구들과 방학을 이용하여 일손을 돕는다는 핑계로 해수욕장도 다녀왔다. 말괄량이 기질에 장거리 달리기를 잘하고 체력은 좋았다. 중학교 학생회장에 떨어진 날 하루 종일 울었다. 와신 상담했던지 고등학교 2학년 때에 총부학생장이 되더니, 3학년 때 총학생장에 기어코 당선되었다. 3학년 때 영어 웅변대회장에 참가하겠다고 하였다. 무슨 웅변대회냐고 묻자, 정치외교학을 전공하여 국회의원이 되겠다고 큰소리쳤다. 나는 큰딸이 다니던 국립대나 교대를 권장하며 학비 조달 문제를 설명하였다. 그러자 딸은 부상으로 대학에 가겠다면서 사관학교로 목표를 바꾸어 합격, 졸업식 다음날에 입교하였다. 제복 입은 선배들 따라 입교하던 딸을 보며, 10년 군대생활을 견디어 낼까 하는 의문이 들었다. 그러나 힘들어 했지만 남자도 어려운 사격, 행군, 유격훈련까지 무사히 마치고 군병원에서 근무하던 배우자를 만났다.

결혼을 앞두고 정리하던 짐 속에 있던 생도 4년 동안 정리해 온 가계부만 보면 눈물이 난다. 오랫동안 아내와 함께 써내려온 우리 집 가계부에는 지난 세월 경제 규모가 고스란히 남아 있다. 엄마 따라 가계부를 쓰던 딸은 관사 생활을 청산하고 결혼 4년 만에 아파트로 입주하였다. 부모는 능력이 모자라 결혼 20년이 되어서야 대출로 작은 아파트를 구입했던 지난날이 부끄럽다. 대학생 학자금과 결혼 자금이 천문학적으로 뛰어오른 시기에 아파트를 구입할 수 있었던 바탕은 가계부였다. 딸은 쌍둥이 출산때문에 휴직한 상태이다. 쌍둥이 외손자가 사병으로 복무할지 아니면 부모를 이어 장교가 될지는 모를 일이다. 벙글거리는 쌍둥이 손자를 보러 가는 기분 좋은 아침이다.

노란 눈물

전주의 도심에는 나 홀로 즐기는 드라이브 코스가 있다. 출근길마다 마주치는 호젓한 가로수, 한가한 백로가 노니는 삼천천을 얼싸안은 강변도로다. 도로 따라 출근한 지도 어느새 10년이 지났다. 우전교부터 시작되는 세내로는 서곡까지 연결된다. 황방산을 바라보며 출근하는 코스 조망은 여유롭다. 우림, 효자, 마전, 홍산교를 거치는 출근길은 눈 감아도 떠오를 정도로 익숙한 코스다. 사철 물이 흐르는 냇물은 백로, 오리, 황새와 물고기가 공존하는 도심 속의 동물원이다. 가로수 벚꽃 터널과 단풍나무 아래로 2단 병풍처럼 조성된 철쭉 군락은 식물원 같은 느낌도 준다. 어미 품안을 타고 흐르는 유선처럼 모악에서 발원한 삼천천은 포근한 아름다움이 있다.

가로수마다 터지는 목피를 뚫고 나온 새순에서 피어나는 벚꽃부터 차창으로 다가오는 세월의 변화는 아는 사람만 느끼는 기쁨이다. 한여름 장마에 디딤돌이 잠길 때는 걱정이 된다. 홍수에 물고기가 휩쓸

릴까 싶기 때문이다. 물속에 비친 제 모습에 황홀한 황새, 오리 가족 나들이는 찌든 마음을 정화시킨다. 눈 내린 겨울 풍경 역시 한 폭의 한국화다.

오늘 아침 출근길은 눈이 시리도록 파란 하늘 아래 아침 햇살이 따사로웠다. 문학대공원의 빛나던 은행나무까지 신비로웠다. 몸조리와 육아를 위해 친정과 시댁을 오가는 딸과 손녀를 태우고 마전교에 정차했다. 딸은 "경치가 너무 아름답다!"며 정적을 깼다. 자기의 "짧은 인생에서 가장 행복했던 시간이 지금 6개월"이라고 덧붙였다. 손녀를 안고 있던 아내가 고개를 숙였다. 6개월간의 출산휴가가 끝나고 복직하려는 딸의 마음이 전해졌으리라. 아내는 사무실 근처에서 차가 멈추자, 카시트에 손녀를 앉히고 말도 없이 내렸다. 아내가 내린 인도에 휘날리던 낙엽이 아내의 뒷모습을 가려 주었다.

꿈만 같았던 출산휴가가 5개월째 접어들었다. 아기는 차창을 바라보며 제법 옹알이까지 한다. 동행하는 손녀의 목소리가 출근길에 듣는 행복한 멜로디다. 엄마가 된 딸은 말이 없는 편이다. 자녀들과 어릴 때 다니던 여행길에서 아름다운 경치에 감탄하면, 뭐가 아름답냐고 반문했던 딸이었다.

뒷좌석으로 옮겨 앉은 딸에게 미안했다. 식구들에게 6년 동안 끌어왔던 근심스런 재판의 결과를 알려주지 못했다. 행복하다는 큰딸에게 무거운 소식을 알려주기 싫었다. 서곡교에 오르자 탁 트인 삼천 천 멀리 우뚝 솟은 모악산을 바라보는 딸의 시선에서 고독함이 보였다. 아내를 내려주고 꾹 참았던 눈물이 봇물처럼 터졌다.

"아빠, 왜 그래?"

하며 어깨를 토닥이던 딸을 되돌아볼 수가 없었다. 사돈댁까지 가던 길에 하염없는 눈물이 흘러내렸다. 헤어질 날이 다가오지만 딸에게 잘해준 일은 떠오르질 않았다. 사위는 파견 나가 홀로 이사를 했고, 복직을 해야 하는 심란한 딸의 마음을 헤아렸기 때문이다. 아기를 남겨두고 천리타향으로 떠나갈 딸이 떨어지는 낙엽처럼 처량해 보였다.

한 가지에서 자란 잎사귀가 떨어져 나갈 날이 가까워졌다. 우수수 날리는 은행잎 따라 나무까지 흔들리며 우는 소리가 들려왔다. 흐르는 눈물이 노란 은행잎에 물들었다. 서곡교 건너 가로수 은행잎이 햇살로 눈부시던 아침이었다.

똥도 예쁘다

찌거기를 몸 밖으로 밀어내는 오묘한 작용, 배설에는 통쾌함이 있다. 투입과 산출의 물리적 순환에 따르는 결과물인 셈이다. 만물의 성장과 유지에 필요한 과정이 배설이다. 식물 중에는 곤충을 잡아먹는 꽃도 있다. 어떤 계층에서 은어로 황금에 비유하는 단어이기도 하고 화투 놀이에서 오동을 호칭하는 말이기도 하다. 똥보다 더러운 사람, 똥 싸기 전과 똥 싼 후가 다르다. 개똥도 약에 쓰려면 귀하다. '똥 싸고 자빠졌네.' 등은 똥에 대한 다양한 표현이다.

배설은 성장과 유지를 위한 순환 과정이다. 똥을 사고 팔던 시기가 있었다. 1970년대에는 에너지 자원에 메탄가스 사용을 권장하였다. 분뇨로 생산하던 메탄가스는 실패한 재생에너지였다. 분뇨 사용 당시 메탄가스 재료였던 똥 가격도 올랐었다. 비료 생산이 수요를 감당하지 못하던 시대에, 과수와 농작물 거름으로 사용하던 시기였다.

일소들이 걸으면서 배설하는 똥은 양이 많다. 한 솥 분량의 여물을 먹는 소가 일터로 나가는 길에 요동치며 똥 싸는 모습은 가관이다. 느릿한 걸음걸이에 황소가 눈치를 보다가 소꼬리가 하늘로 향하면서 항문에서는 새카만 소똥이 끊임 없이 꾸역꾸역 밀려나온다. 철푸덕 퍽, 철푸덕 퍽, 작은 농로마다 쇠똥이 여기저기 널려 있었다. 소를 앞세우고 걷다가 바라보던 익숙했던 모습이다.

논밭 가던 신작로에 소똥은 잘도 말랐다. 개떡처럼 굳어진 소똥은 비료보다 선호하던 거름이었다. 길가에 굳은 소똥을 축구공처럼 발로 차기도 했다. 마른 소똥은 작대기로 찍어서 논밭에 던졌다. 일소들이 다니는 길가에 징검다리처럼 이어진 소똥은 흔히 보던 풍경이었다. 유목민들에게는 소똥이 건축자재와 연료로 사용된다.

한때는 외양간과 돼지우리에서 나온 부산물을 모아 퇴비를 만들었다. 우분, 계분, 돈분, 인분과 짚을 섞어 발효시켰다. 두엄자리에서 발효된 퇴비가 논밭 거름이었다. 지게 바작에 실어 나르던 퇴비는 뜨뜻한 열기와 섞인 냄새가 고약했다. 그렇지만 농작물에 뿌렸던 비료 대용이었다. 측간 옆에 호박 넝쿨과 감나무를 심은 것은 열매를 튼실하게 키우려던 지혜였다.

아들 별명이 '똥꼬'였다. 술좌석에 마주앉아 "이똥꼬." 하고 부르면 "예." 하고 대답하는 모습을 종종 보았다. 예전에는 귀한 자식일수록 천하게 불러야 잔병치레가 없다며 '개똥'이라는 별명도 흔했다. 손주, 손녀를 똥강아지라고 불러도 정겹다.

8개월 된 손녀가 이유식으로 호박을 먹었다. 방글거리며 연신 받아

먹는 손녀가 꽃보다 더 예쁘다. 잘 먹고 잘 자고 잘 싸더니 하루가 다르게 무럭무럭 자란다. 뿌우웅 뿌우웅 뿡 뿡 방귀 소리와 함께 성장한다. 연거푸 터지는 방귀 소리에 웃음꽃도 핀다. 똥이 예쁘다고 말하는 아내를 보면 웃음이 난다.

'응! 응! 응가' 소리가 리듬을 탄다. 똥을 누려는 아이 모습이 사랑스럽다. 아이스크림 꼬리처럼 매끄럽게 나온다. 호박 경단만 한 노오란 똥도 예쁘기만 하다.

아들아, 할 수 있다

사랑하는 아들아,

올 여름은 무척이나 무더운 여름이다. 네가 입대 전 아빠와 함께 하였던 풀베기 작업이 생각난다. 나무를 심었던 밭은 지열로 뜨겁고 태양열에 땀이 흐르던 6월이었다. 잡초 제거 작업은 허리 통증과 벌레, 꽃가루 세례까지 추가되는 고통스러운 노동이다. 용돈을 미끼 삼아 데려간 아들보다 아빠가 먼저 포기했던 기억이 새롭다.

학창 시절, 농사 일손을 거들어 주던 농번기 방학이 있었다. 봄, 가을 농번기에 학생들까지 동원시키려던 정부정책에서 시작된 제도였다. 삼복더위가 기승을 부리던 칠월 칠석과 백중 사이에 뿌리던 농약은 농사 성패의 분수령이었다. 초창기 농약이 사용되던 때는 분무작업 도중, 중독으로 병원에 입원하는 일이 다반사였다. 고독성의 농약을 수로나 방죽에 뿌려 떠오른 장어를 구워 먹기도 하던 그때에, 농약으로 쓰러지는 사람이 늘면서 농약은 무서움과 공포로 다가왔다.

마을 형님 한 분도 농약 하다 쓰러져 장가도 못 가고 죽었단다. 농약은 실연한 청춘과 삶에 지친 사람들이 최후로 사용한 무서운 극약이다. 뜨거운 여름 농약살포는 극한 노동이었다.

사랑하는 아들아,

베이비 붐 세대 대부분은 학창시절에도 농약 통을 짊어졌단다. 20리터 농약 통에 물을 채우고 녹색 병뚜껑으로 원액을 계량, 희석하였다. 우윳빛으로 변한 농약 냄새는 사방으로 퍼졌다. 농약 통을 지면 차가운 물이 담긴 쇠 통에서 전해오는 찬 기운이 더위를 몰아냈다. 논바닥에 들어서면 짊어진 무게와 체중으로 논바닥은 수렁이 되었다. 농약의 출렁임과 발 밑에 밟히는 미꾸리와 우렁이, 꽃뱀의 까만 혓바닥 날름거림 속에도 분무하였다.

분무액 따라 신기루처럼 나타난 무지개는 그나마 피로를 잊게 하였다. 분무기가 천근만근 무거워지면, 땀과 분무액. 논물의 경계도 사라진다. 쌀이 부족하던 시절, 도입한 통일벼는 농약을 골고루 살포하지 않으면 문고병으로 문드러져 갔다. 농약 살포는 가장 힘든 노동이었다.

여름철 공부 또한 노동과 달리 육체적 정신적 고통을 수반하는 노동이겠지. 하늘과 땅의 이치를 알아가는 과정이 공부 아니냐? 아무리 힘든 육체적 노동이라도 정신적 노동에 비견하랴. 유난히 무더운 올여름 너의 인생은 어떤 시기로 기억할는지 모르겠구나. 한여름에 태어난 네 조카로 인해 주야로 틀어놓은 에어컨 누진세 걱정도 기쁨 때문에 희석되었다. 여름철 건강은 체력이 관건이다. 보내준 용돈으로 삼계탕을 사 먹고 체력 유지 잘 해라.

브라질 리오 올림픽 참가 선수의 탈락과 고배, 눈물과 환희를 소개하고자 한다. 에페에 출전한 42세 헝가리 선수와 21세 박상영 선수의 기적 같은 경기다. 두 선수가 남겨 놓은 1분여의 촌각은 승패가 뻔히 예상되었다. 14대 10의 스코어는 93점 우등생과 66점 보통선수가 벌인 퀴즈 대결과 같은 게임이었다. 시청자와 중계진, 감독마저 결과를 예단하던 순간이었다.

"나는 할 수 있다."라고 세 차례나 독백하던 선수의 입술이 카메라 앵글에 그대로 잡혔다. 약자의 주문처럼 다섯 번 공격은 기적처럼 성공하였다. 냉정한 승부의 경연장에서 승자의 포효와 패자가 망연하던 순간, 눈물이 흐른 채로 한동안 바라보았다. 아들아, 너의 응원군은 가족이란다. 인생 올림픽 경기 현장에 나선 아들의 역전승을 간절하게 기도한다. 아빠가 해 줄 수 있는 아들에 대한 응원은 SWOT 분석뿐이구나.

아들아, 너의 인생의 올림픽 준비는 소리 없는 경쟁, 자신과의 싸움이다.

S (강점): 가족 구성원의 성원, 대학의 지원, 지구력과 근성.

W (약점): 법 과목과 회계학의 높은 편차.

O (기회): 응시경험, 실력축적, 주변 환경.

T (위협): 체력고갈, 가족에 대한 채무의식, 매너리즘, 합격자 감원.

그럼에도 할 수 있다. 아들아! 사랑한다.

품앗이

삶은 어쩌면 생과 사의 경계선 이동이다. 3년 전 아산병원에서 아내의 뇌동맥류 시술을 하던 때였다. CCTV 앞에서 수술동의서에 서명하는 장면이 녹화되고 있었다. 드물지만 시술 중 '사망해도 이의 없다.'는 자서를 했다. 서명이 끝나자 전신마취의 상태로 수술대로 이동하던 아내의 모습은 시체처럼 보였다. 수술 도중 영원히 깨어나지 않을 수도 있다는 불안감에 휩싸였던 순간이었다. 창문을 통해 본 공사 중이던 롯데월드타워가 바벨탑처럼 무너질 것 같이 느껴졌다.

예수병원 응급실 병상에 아내가 다가왔다. "여보, 사랑했어요!" 급성 심근경색 수술대로 옮기기 직전 아내가 속삭였다. 수술 동의서에 서명한 아내의 마음이 전해오면서 눈물이 핑 돌았다. 내가 해야 할 말을 도둑맞은 듯, 가슴은 더욱 답답해져 왔다. 49세와 59세에 돌아가신 누이와 형님이 떠올랐다. 환갑을 맞은 해에 죽음을 맞이하더라도, 돌아가신 형님과 누이보다 더 살았다는 사실은 위로가 되었다.

다만 나의 유고로 인해 세 명의 자식을 앞세운 어머니와 슬퍼할 가족들의 얼굴이 순식간에 스쳐갔다.

수술실로 향하던 이동식 병상은 KTX 열차가 터널을 통과하듯 지나갔다. 수술실에 누운 순간, 주마등처럼 지나간 세월이 떠올랐다. 똑같은 내용을 질문하던 의료진에게 "예."라고 대답하면서 의식을 잃지 않으려고 노력하였다. 허벅지를 타고 올라온 시술기구는 복부를 거쳐 가슴속까지 비집고 들어오는 감각이 느껴졌다. 골든타임에 도착하여 다행이라는 집도 의사의 목소리는 덤덤하였다. 대동맥이 막혀버린 심근경색 스텐트시술은 30여 분 만에 끝났다. 건강만은 자신하던 내가 심근경색으로 죽을 고비를 넘기다니…….

전조증세는 말없이 왔다 갔다. 팽목항을 다녀온 뒤 독감에 걸려 병원을 다녔다. 3주 전에는 뒷목이 땅기는 증상으로 응급실에 갔으나 CT와 MRI로도 발견하지 못했다. 하지마비 증세로 나타나는 증세가 나에게는 오른쪽 어깨 부분으로 나타난 것임을 퇴원 후에 깨달았다.

홀로 떠나려던 여행을 사흘 앞둔 5월 28일 밤 10시경 헬스장이었다. 오랜만에 오른 런닝 머신에 오른 지 5분도 채 안 된 시간에 숨이 차오르고 답답해지면서 식은땀이 흘러내렸다. 근력 운동장으로 바꾸어도 식은땀이 비 오듯 하여 찬물로 씻은 뒤 헬스장에서 30분 만에 나왔다. 차에 올라 안정을 취한 다음 가까스로 집에 도착하여 바지를 벗다가 쓰러지고 만 것이다.

하필이면 회갑여행을 앞두고 이런 일이 일어나다니! 응급실 도착하는 순간까지 여행에 대한 아쉬움이 더 컸다. 사각사각, 땀으로 흠뻑 젖은 상의를 잘라내던 가위 소리가 선명하게 들려왔다. “늦게 발견하면 수술 중 죽을 수도 있습니다.” 아내에게 설명하던 의사의 목소리도 들렸다.

죽을 고비를 겪은 위기의 순간순간이 스쳐갔다. 1970년대 초, 《무쇠탈》 책을 보다가 의식을 잃었었다. 1981년 8월 부안 격포의 수성당 용굴 해상에서 소용돌이 속에서 죽을 고비도 맛보았다. 오토바이와 함께 10여 미터를 날아가 추락했던 사고도 있었다. 1992년 가을, 임실 슬치 상공 헬기 사고와 다음해 봄 속리산 말티고개에서 겪었던 차량 전복 사고가 주마등처럼 스쳐갔다. 사고는 항상 자신의 의지와 상관없이 갑자기 다가왔었다. 지나간 사고도 되돌아오지 않을 추억임을 병상에서 느꼈다. 지나간 위기의 순간도 죽음으로 모두 사라진다는 사실을 깨달았다. 큰딸에게 부탁하여 해외여행 기간에 읽으려던 《남아 있는 나날》이라는 책은 병실에서 읽게 되었다.

회복실에서 놀란 얼굴로 대면한 사위와 사돈, 누이의 근심스런 얼굴을 보면서 살아있음에 감사하였다. 혹시 의식을 못 찾을까 봐 조바심에서 말했다던, 아내의 목소리가 뇌리 속에 각인되었다. 아내가 자주 부르는 호칭을 외손녀가 따라 “여보, 여보, 여보.” 하면서 외할아버지를 놀리는 소리가 싫지 않다.

품앗이로 죽기 전, 꼭 해야 할 말이다.

“여보! 사랑했어요.”

유나 아빠야

오늘따라 유난히 푸르른 가을 하늘은 가슴을 시리게 한다.

장인과 사위의 인연으로 지내온 꿈결 같은 세월은 참 빠르게도 지나갔구나.

6년의 세월 속에는 잊어버린 사연과 잊지 못할 사연도 많았지. 그러나 잊지 못할 큰 기쁨은 유나의 탄생과 자네의 승진 발령이 아니겠는가? 오늘 떠나면 이제 내년에나 만날 수 있다는 사실이 이 좋은 가을날 안타깝게 다가왔네. 어젯밤 송별식에 처남, 동서랑 함께 마신 술맛의 여운이 남아 있지만, 고국을 떠나가는 자네에게 축하의 인사와 부탁하는 글을 전하기 위에 책상 앞에 앉았다네.

유나의 출생으로 양가는 세상을 다 얻은 양 기뻐했지. 백일이 후다닥 지나갔네. 유나 백일 상에 올려졌던 묵주로 간구하던 자네 모습을 생각하면 지금도 가슴이 뭉클하네. 유나와 함께 잠자고, 욕조에서 노는 세 가족의 일상이 양가에서 바라고 간구했던 지난날의 보상이며,

참으로 감사할 일이로세. 샌프란시스코로 출국일 마중 갈 수 없어서 서운하네. 외국을 그리 자주 나가도 한 달 지나면 만난다는 기대가 1년으로 바뀌어진다는 사실로 아득해지는 아침이라네. 오늘 헤어지면 그리워도 1년을 기다려야 한다지만 화상통화가 있으니 그나마 위안이 된다네. 가정과 회사, 국익을 위한 출국이지만 사랑하는 처자식과 가족은 걱정 말고 씩씩하게 떠나가시게.

학창시절을 타국에서 지내면서 외로움과 허전함으로 몸부림쳤다던 술 좌석에서의 진담을 듣고 가슴이 저렸는데 모든 가족 또한 그러하겠지.

유나로 인해 자주 보았고, 만나서 마시던 술맛이 그리울 거야.

최종 하고픈 말은 술에 대한 이야기를 하고 싶어 편지를 쓰게 되네.

자주 어울렸던 술좌석에서 장인의 눈으로 사위를 바라보았다네.

나는 술을 자주 마시지는 않지만 좋은 사람들과 만나면 많이 마시는 편이었어.

그런데 자네는 술을 많이 마시고 자주 마시는 것을 보며 걱정이 되는 것은 딸을 맡긴 사람으로 어찌할 수 없네. 가장인 사위가 혹시 술로 인한 실수를 하면 어쩌나 하는 조바심에서 전하고 싶은 말을 쓰는 중이지.

나도 자네와 같은 나이에 고향 본가로 청아와 자네 장모를 보내던 날도 많았지. 집에 남아 있던 나도 술을 혼자 마신 때가 있었다네. 1987년 아버지가 돌아가시자 갑자기 나타난 블랙 아웃 증상, 건망증을 회복하는 데 꽤 많은 기간 동안 술을 멀리했던 시절이 있었어. 자주 마시는 술은 알코올 의존증이며, 이러한 증세는 부지불식간에 육체에 기억되어 습관으로 전이되는 악질적인 질병이라네. 사랑하는 자식과 아내, 양가에서 걱정하는 질병을 사전에 차단하라는 당부의 뜻을 간곡하게 전하고 싶네.

'술을 마시는 횟수는 1주일에 두 번 이상 하면 아니 된다.'는 사실이야.

고마운 사람에게 고맙다고 말하고 잘못한 일에 미안하다고 정확한 의사를 표현하는, 사랑스런 마음이 가득한 대한민국이 자랑하는 인재 사위 최원석, 유나 아빠는 집안의 가장으로 가정을 지키는 울타리이자 기둥이기에 그대에겐 가족을 지켜야 할 사명이 있어. 지나고 보니 가장으로 살아가야 하는 길은 쉬운 길이 아니고 힘들고 외로운 길이었네. 목표를 향해 살아왔던 지난날이지만 그래도 같은 방향을 보고 가는 동반자는 가족밖에 없어, 식구들에게 감사하고, 사랑받는 유나 아빠가 되길 바라는 마음뿐이야.

지난주 읽었던 《이중섭의 편지와 그림들》 책을 감명 깊게 보았네.

떠나가는 사위에게 주는 작은 마음의 선물이야.

미국에서 가서 혼자 술 마시고 싶을 때는 사랑스런 가족에게 편지를 써보게.

유나가 컸을 때 읽을 수 있도록 영어 문장과 한글 병용이면 더 좋을 글이 되겠지. 하루하루 모아진 글은 커가는 유나에게 가장 값진 감동의 선물이 되지 않겠는가?

자식을 사랑하는 마음은 젊었을 때나 나이가 들어도 소중한 추억이라네.

청아 어린 시절 멜빵으로 앞가슴에 안고 나갈 때마다 남자가 애를 안고 있다고 비웃던 사람도 있었지. 사랑하는 마음에 남의 시선을 의식하지 않은 것은 아버지 된 사람의 행동 철학 아닌가? 국민을 울게 하고 세계를 웃긴 최순실이 귀국한 아침, 잘못된 자식 사랑보다는 정직한 가족 사랑이 회사, 국가를 사랑하는 지름길이라고 말하고 싶네.

혼자 마시는 술은 마시는 짧은 순간에 기분을 변환시키지만, 자식을 그리며 쓰는 편지는 가족의 얼굴을 상상하며 쓰는 기쁨의 대화, 가족들의 미래까지 그려보는 아름다운 작업이며 작품 활동이라고 할 수 있겠지. 가족과 헤어지면서의 감정부터 일상의 마음을 기록하면 가족에겐 역사가 되는 글이 되겠지.

새벽마다 유나에 내가 속삭였던 구절이야.

"유나야, 머리는 냉철하게, 가슴은 따뜻하게, 피스메이커가 되거라."던 기도였다네. 자네도 그렇게 되길 바라는 마음뿐이네. 건투를 비네.

– 10월 끝자락 일요일에

안아보곡 사랑하멍

거짓말이 허용되는 만우절이 우리 부부의 결혼기념일이다. 동병상련일까? 혼자 집을 지키던 둘째 사위는 만우절에 여행을 가자고 했다. '불감청 고소원' 장인을 챙겨주는 마음이 느껴졌다. 고래싸움에 새우등 터지듯, 사드 문제로 중국인의 발길이 끊어진 제주여행이 솔깃한 제안이었다. 관광객이 줄어든 제주도 일부 관광지 입장료도 무료라고 하였다.

청주공항에서 탑승한 여객기가 도착한 제주공항의 신형 중형차 렌트비도 4일간 사용금액이 10만 원에 불과했다. 차량에 탑승한 가족끼리 송악산과 삼방산 주변 해안으로 달려갔다. 전주 용머리 부근에 사는데 같은 이름이 붙은 용머리 해안은 기암괴석이 아름다운 해안이다. 유채꽃 만발한 용머리 해안과 하멜표류 기념탑, 상선과 고즈넉한 절이 어우러진 풍경은 액자 속 사진 같다. 엳 광을 받은 용머리 절경이 미세먼지로 뒤덮인 육지 사람의 안구를 정화시켰다. 서귀포 호텔 카라반 숙소에 여장을 풀고 제주의 도야지 항정살과 삼겹살에 갈치 액젓소스를 찍어 먹은 저녁 식사는 맛집 순례였다. 유명한 수제 맥주를 구입하여 눈앞에 다가온 별과 바람 소리를 벗 삼은 카라반에서 웃음꽃이 피었다. 사위도 자식이라는 말이 딱 들어맞은 환상적인 여행이 시작되었다. 일요일 이른 새벽, 천지연 폭포 부근의 성당을 찾아 나섰다. 숙소를 나와 모닝커피를 마시다가 발견한 주보에서 용머리 성당에 계셨던 최 수녀님 이름 보고 소름이 끼쳤다. 오랜만에 재회한 아내와 수녀님이 뛰면서 기뻐하는 모습을 보며 미소가 절로 번졌다. 예기치 않았던 회자정리會者定離가 거자필반去者必返을 확인한 시간이었다.

아침을 먹고 나선 비자림 탐방은 힐링의 시간이 되었다. 맑은 새소리와 폐 깊숙이 스며드는 신선한 공기, 산책로 옆에서 마시던 지하수가 바로 삼다수였다. 거목에 달린 예쁜 이름표에는 나무마다 수령이 표기되었다. 우리 인생은 100년도 못 사는데 수백 년을 거쳐 수천 년을 살아갈 비자나무가 부러웠다. 천년의 풍파세월을 지켜온 비자림이 제주역사를 지켜준 침묵의 파수꾼처럼 보였다. 제주는 고통의 섬에서 평화의 섬으로 바꾸어지는 과정이다. 고려 때부터 몽골의 피바람과, 69년 전 4·3 피해자들이 숨어들어간 숲속이 비자림이었을 것이다. 산책로 옆에 늘어선 돌탑을 쌓은 사람들이 꿈꾸던 피안의 세계였을 것이다. 비자림 주변 공기는 죽음의 고비에서 살아남은 선대의 영혼이 숨 쉬는 샹그릴라 같았다. 둘째 사위 부부도 비자림 같은 세상에서 살아가기를 소망하였다. 성산포에서 렌터카를 배에 싣고 하선한 우도에서 싱싱한 해물 맛집에서 짬뽕도 먹었다. 우도 하고수동 해변은 필리핀의 세부 해안보다 더 푸르렀다. 세계 최대 크기라는 물허벅을 걸머진 해녀와 인어아가씨의 시선은 파란 바다를 등지고 있었다. '안녕육지사람' 가게 이름처럼 뭍을 향한 그리움에 검게 탄 해녀를 푸른 바다가 감싸 안았다. 화산석을 쌓은 답다니 탐방대 아래에 있는 등대와 돌로 만든 독대도 돌아보았다. 눈이 시리도록 푸르른 하늘과 까만 돌 사이에 서 있는 하얀 등대는 상견례에 나온 사위처럼 수줍어 보였다. 유채 만발한 돌담길 사이로 자전거. 오토바이를 함께 탄 청춘 남녀들이 바람처럼 스쳐간다. 바다 가운데 외로이 떠 있는 비양도까지 다리를 건너갔다. 소라 굽는 냄새를 따라 들어간 곳은 해녀들이 운영하는 횟집이었다. 소라에 스며든 해녀의 고단한 숨비소리가 고동 속에서 꼬리까지 돌아 나왔다. 소라를 썰어준 주름진 손등처럼 초장에 찍은 소라의 육질은 질기고도 고소했다. 비양도에서 잡은 소라는 컸지만 예쁘기도 하였다. 파도에 닳고 닳은 소라껍데기를 줍는 모녀의 모습은 더 예뻐 보였다. 망중한의 짧은 시간에 등대를 등진 행복의자에 앉자 갑자기 시심이 발동하여 〈비양도 등대〉 시를 구상하였다.

섬 중에 섬 제주, 섬섬 중에 섬 우도
섬섬섬 중에 섬 비양도 등대

이어도로 떠나버린 할망을 기다리다 울다 지쳐
밤만 되면 파도 소리에 잠 못 이루고 어둠 속에 홀로 기도를 한다

섬을 나오면서 나만의 감정에 젖어 낭송하였다. "엉터리 시"라는 아내의 핀잔에도 나만의 느낌이었다. 검멀레해수욕장 동굴 앞 해상에서 보트가 둥글게 돌면서 원을 그리는 묘기를 보았다. 산호가 부서져 만들어진 산호 해수욕장의 푹신한 백색 가루와 검은 바위에 붙은 새파란 해조류의 배색이 잘 맞았다. 둘째 날 밤은 큰딸이 예약해 준 섭지코지의 피닉스 아일랜드에 여장을 풀었다. 자연산 회를 직접 골라 떠서 가져와 즐기던 저녁의 술맛도 최고였다. 3일째 아침도 일찍 일어나 섭지코지 해안에서 성산 앞바다의 일출을 바라보았다. 섭지코지 공원을 천천히 돌아보고 정방폭포로 향하던 차 안에서 영원을 꿈꾸던 진시황제를 그려 보았다. 생로병사를 거역하려 한 그도 인간이었다. 서복이란 충신이 거쳐 간 서귀포의 유래를 알고 찾아오는 중국관광객들을 나무랄 수는 없는 일이다.

한반도에 처음으로 외세를 끌어들인 국가는 신라였다. 진시황이나 당나라 장수 소정방 시대의 수도는 장안이었다. 외세를 끌어들인 과거처럼 지금도 강정항구는 미국의 입김에 휘둘리는 군항이 아니겠는가? 백문이 불여일견 당초 계획이 없었던 강정항구를 보자고 했다. 구렁비 바위가 파괴된 해안가로 콘크리트 방파제와 테트라포트가 함정에 도열한 해군병사들처럼 줄지어 늘어서 있었다. 어느 나라의 이

익을 위한 공사인지는 현지에서 바라보면 바로 이해가 된다. 강정 해군기지 반대 집회현장에서 몸을 던져 막았던 신부님을 뵙지 못한 아쉬운 발걸음이었다. 강정항구는 서귀포 올레길 7번 코스 13.7킬로다. 용암바위에서 바라보이는 천연기념물 주상절리 범섬과 외돌괴 해안선이 눈앞에 펼쳐지는 올레길 중 명승지다. 성게비빔밥을 유난히 좋아하는 아내를 위해 강정 어판장 맞은편 식당으로 찾아갔다. 관광객이 오지 않는 음식점에 찾아든 네 명을 주인은 반겨주었다. 야외 식단에 마련해준 푸짐한 양푼성게비빔밥은 제주의 인심을 맛보았던 별미였다.

준공을 앞둔 공사현장으로 분주하게 드나드는 덤프트럭을 바라보면서 구럼비바위를 지키려던 마을사람들의 아우성을 그려보았다. 천년 전 벌어진 오욕의 역사가 재현되는 현장이었다. 수억 년을 버텨온 구럼비바위처럼 강정항구가 남아있을지는 모를 일이다.

강정항구를 떠나 표선해안 음식점에서 보말국수와 보말부침개 맛을 보았다. '고동'에 대한 제주식 이름이 '보말'이며, 맛집이라고 딸이 설명하였다. 제주의 대가람 약천사와 설녹차 농장을 돌아보고 협재해수욕장 석양을 보러 갔다. 나이 드신 해녀들의 숨비소리는 석양에 한숨처럼 들려온다. 할망의 숨비소리에 부끄러운지 태양마저 바닷물 속으로 붉은 얼굴을 숨겨버렸다.

협재해수욕장 주변 민속음식점의 저녁식사는 값에 비해 맛은 없었다. 한림의 켄싱턴 리조트에서는 숙소를 업그레이드해 주어 강정항구로 인해 속상했던 마음이 사그라졌다. 마지막 날 아침 화가 이중섭 거리를 돌고 돌아다녔다. 동문시장에서 선물을 사고 나서 제주 목사관을 돌아보았다. 목사관에서 목사 복장을 하고 나니 조선시대의 목사가 된 듯하였다. 항상 2박 3일 코스로 다니던 제주 여행에 1박을 더한 여행은 여유가 있었다.

용머리 해안으로 출발했던 여행은 마지막으로 용두암을 거쳐 공항 주변 해안에서 커피를 마시던 중이었다. 허벅을 둘러멘 등 굽은 해녀를 아내는 유심히 바라보고 있었다. 여인의 땀과 눈물이 더해지는 제주 하늘과 바당은 감청색일 수밖에 없다는 생각이 들었다.

육지로 떠나간 자녀를 그리워하는 해녀의 눈물이 더해진 짭조름한 바닷물, 검은 해녀복은 그들의 주름살을 숨겨 주었다. 허벅을 짊어진 굽은 등처럼 검은 해안은 주름져 있다. 화산암의 작은 구멍으로 드나드는 바람처럼 해녀들의 고달픈 숨비소리가 들려오는 듯했다. 불턱에 덜덜 떠는 어금니처럼 바다는 떨고 있었다. 4일 동안 둘째 딸 내외와 제주여행은 "안아보곡 사랑하멍 자들지말앙 삽써."였다.

큰누이 생일

나는 어머니보다 큰누이를 더 좋아한다. 칠순이 넘은 누나는 나를 업어 키우다가 시집을 갔다고 한다. 동지만 되면 "폭설로 가마를 타지 못한 채 사십 리 길을 걸어갔다."던 큰누이가 생각난다. 막냇동생과 과음으로 비몽사몽하던 토요일 아침이었다. 핸드폰 화면에 "큰누이" 자막을 보며 전화를 받았다.

"동생, 통화할 수 있는가?" 평소와 달리 큰누이 목소리가 착 가라앉아 있었다.

"예. 무슨 일이세요."

"동생, 내 명의로 된 집 한 채를 둘째에게 주고, 한 채는 큰아들에게 넘겨주려고 하네. 세금이고 뭐고 동생을 보면서 내린 결정이네."

"아니, 누님, 아직 조금 더 있다가 하지 왜 그런 결정을 하셨어요?"

"내 나이 일흔여섯에 더 이상 무엇을 바라겠는가. 부모 재산 때문에 자식들이 다투는 꼴은 보고 싶지 않다네."

통화 내용은 집을 처분한 뒤, 원룸에서 혼자 사시겠다는 말씀이셨다.

올 봄, 우리 형제들은 노모의 부양과 부동산 상속 문제로 형제간에 이견이 있었다. 이를 보시고 재산 분배를 결정하신 모양이었다. 같은 핏줄이라도 유산에 대한 자녀들의 입장은 아전인수 격이다. 형제간 이견에는 다툼이 따랐다. 핵가족 시대 노부모의 부양문제는 객관적 접근과 양보가 필요하다. 형제들의 권리와 의무에 앞서 가정환경 배려는 참작할 요인이다.

식민치하에서 태어나셨고 한국전쟁을 겪어온 큰누이 삶은 전후 세대인 동생과는 또 다른 삶이었다. 결혼하자마자 남편이 군대에 징집되었다고 하셨다. 남편 없는 농촌, 홀로된 엄격한 시어머니 아래에서 종처럼 일만 했다고 한다.

누이는 70년대에 자녀교육을 위해 서울로 상경했다. 농촌 생활 30년 만에 도시 생활로 바뀐 환경은 녹록지가 않았다. 양재 청과시장에서 채소류 선별 작업으로 생계를 꾸려나갔다. 전세살이를 벗어나기 위해, 밤을 낮 삼아 일하신 결실로 구입한 주택이었다. 그런 집을 두 아들에게 넘겨준다는 전화였다.

큰누이는 신혼부터 홀로된 시어머니를 30년을 모셨지만 친정어머니도 홀로된 지 30년이 되었다. 설상가상 매형이 돌아가신 지 십 년으로 80대를 바라보는 나이이다. 매형의 장례식에 눈물을 보이지 않았던 누이가 친정 동생의 장례에 서럽게 우셨다. 여동생은 49세, 남동생은 59세에 세상을 떠났다. 큰형님의 빈자리를 큰누이가 도맡았다. 친정식구를 챙기던 누님은 동생바라기였다. 고등학교 졸업 당시 내 구두도 맞춰주었다. 서울로 진학했던 딸과 아들을 지금도 돌봐 주신다. 배우지 못한 누이의 한은 동생에게는 만학의 동기를 부여했다. 서울 출장 때, 힘들 때마다 드나들었던 동소문동 누님 집이 전용 숙소였다. 허름한 주택이지만 풀을 먹인 침구를 준비하여, 호텔보다 편안한 숙소가 되었다. 후다닥 만들어내신 반찬과 수북한 밥그릇을 잊을 수 없다. 마을버스 타는 곳까지 나와 차비를 찔러주시던 일도 여전하시다.

안방처럼 드나들던 누이 집이 팔렸다는 소리에 허전함이 밀려왔다. 집이 철거되기 전 노모님을 모셔간 누이 집에 가고 싶다. 잊고 지낸 큰누이의 생일을 달력에 표시했다.

거리의 판사

초임 순경 시절 '거리의 판사'라는 교관들의 교육에 따라 판사처럼 행동하던 과거가 부끄럽다. 질서 유지와 불법이라는 잣대로 원인과 배경도 무시하면서 명령에 따라 일방적인 즉결 처분했던 과실이 떠오른다. 지나고 보니 권력의 하수인이 되었었고 유전무죄 무전유죄의 현장의 집행자였다. 전임 대법원장이 재판에 관여한 사실로 현직 대법원장이 화염병테러를 당했다. 사법사상 초유의 사태가 부른 사필귀정이라는 여론이 비등하다. 마이클 샌델의 《정의란 무엇인가》 책 서문에 '미국인 38%, 한국인 74%는 불공정하다고 생각하는 조사 결론'이 표기되어 있다. 근대 사법 100년이 넘은 대한민국 법조계를 바라보는 국민들의 시선이 싸늘하다.

"헌법과 양심에 따라 판결했다."는 이영구 판사는 집안 어른이었다. 서슬 퍼런 유신 치하에서 대통령 긴급조치 제9호 위반 시국사범 200여 명 속에서 무죄를 선고한 그는 재판에 대한 검찰과 기관의 노골적 압박에 홀로 양심을 지킨 판사였다. 정권의 입맛을 거부하고 지방좌천을 수용하였고 시국사건과 정치적 색채의 변론 포기로, 후배 판사들에게 부담까지 주지 않았던 변호사이기도 하다. 그래서 헌법 재판소장으로 거명되던 분이 세상을 하직한 지 1년 만에 대법원에서 그를 추모하는 이례적인 전시회가 열린 것이다. 한국사법사상 양심적인 법조 삼성은 모두 전북 사람이다. 가인 김병로(1887~1964 전북 순창 출신) 초대대법원장은 청렴하고, 권력에 아부하지 않으며 정파와 이념을 초월한 법조인의 표상이었다. "세상 사람이 다 부정의에 빠져간다 할지라도 우리 법관만큼은 정의를 최후까지 사수하여야 할 것이다.", "법관이 국민으로부터 의심을 받게 된다면 법관으로서의 최대의 명예 손상이 될 것이고, 이는 법관 전체의 명예 실추가 될 것이다."라고 말하였다. 왕대밭에서 왕대가 자라듯 이영구 판사는 법조 3성의 후예였다. 유전 무죄 무전 유죄가 아닌 법대로 집행했던 최대교 서울고검장은 "청렴하기 때문에 강직할 수 있다."는 말을 남겼다. 일제 치하에서 조선인 절도피의자를 고문 치사한 일본순사를 기소하였고, 3·15 부정선거 사범과 4·19혁명의 발포 책임자를 기소한 검사였다. 이승만은 이인 법무부장관을 통해 수사중단지시를 내렸으나 최대교는 '기소와 불기소의 결정은 검사의 전속권한'이라며 임 장관을 포함하여 관련자 16명을 수뢰죄로 기소한 검사였다. 권력에 야합한 검찰이 아닌 현, 후배 법조인 서울 지검장의 기개와 맞닿아 있다.

김홍섭(1915~1965 전북 김제 출신) 대법관은 프로테스탄트와 불교를 섭

렵하고 가톨릭에 귀의한 사상가였다. 인간의 기본적 인권과 양심을 중시하며 인류의 공동체적 운명을 통찰하였다. 청빈과 검소, 근신과 수계 순교자적 삶을 실천한 법조인이다. 인간에 대한 사랑에 기초한 재판철학을 옹호한 검사와 판사, 변호사로 살다 간 법률가들이다. 고 이영구 판사의 초상을 치른 후에 그분의 동생에게 들었던 사연이다. 고인은 동생에게 "죽게 되거든 지인들에게 부고를 하지 마라."는 유언을 남겼다고 한다. 그는 목련처럼 피었다가 봄은 보지도 못한 채. 뚝 떨어져버린 꽃이 되었다.

'암흑의 시대, 꽃이 된 법관' 이영구 판사는 죽은 뒤에 재조명되고 있다. 올해 11월 사법부 70주년 기념식에서 대통령은 국민훈장모란장을 추서한 것이다. 토요일 오후, 대법원 전시관을 찾아갔다. 전시관은 닫혀 있었고 경찰들의 감시가 삼엄하였다. 화염병 세례를 받았던 대법원장은 '재판독립이 지켜지지 않는다면 제아무리 미사여구와 그럴싸한 논리를 판결문에서 전개했던들 국민은 재판을 신뢰하지 않으며, 사법권 독립을 지켜야 할 사명과 임무는 사법행정의 책임자에게 있다.'던 고인의 발언을 개관식 인사말로 소개했다고 한다. 재판 거래로 사법 농단한 전임대법원장에 대한 국민들의 분노가 드세다. 전임 대법원장의 사법농단 사태로 추락할 대로 추락된 법조인들의 사기도 올려주어야 할 시기이다. 어려울 때 분연하게 일어선 동학혁명처럼 법조인들의 정신적 변화가 필요한 시기이기도 하다. 화염병 사건으로 닫혀버린 기념관을 살펴보지 못하고 내려온 허망한 주말이었다.

데모 진압 경찰관으로 대학생들과 대치상태가 많았었다. 지나고 보니 독재 정권과 무능한 정부, 대법원장에게 화염병을 던진 백성이 바로 거리의 판사였다.

연꽃처럼

아침 최고의 산책 코스는 연꽃이 아름다운 덕진호반이다. 덕진 연못은 사철 어느 때든 편안함을 안겨준다. 연꽃대가 올라올 때 넓은 연잎에서 구르는 수정 같은 물방울은 아침 햇살을 받으면 영롱하기 그지없다. 연잎에 맺힌 물방울이 이슬인 줄로만 알았었다. 수년을 살펴보다가 이슬 아닌 줄기의 펌프 작용임을 발견하였다. 넓고 튼실한 잎사귀일수록 물방울이 크고 많았다. 물방울이 없던 같은 크기의 잎사귀를 보면서 무엇인가 이상하다고 느꼈었다. 물방울 없는 잎은 부지런하여 먼저 세수하는 새벽형 일꾼이었다. 연잎에 맺힌 물방울이 대공을 통해 올라온 것을 몇 차례 보면서 목욕탕에서 원리를 발견한 수학자의 기분을 알 것 같았다. 진흙 속 뿌리를 통해 올라오는 물방울이라는 사실을 알게 된 것은 내가 확인한 기적이었다.

흙탕물에서도 진주처럼 영롱한 물을 뽑아 올리는 연대의 작용에 탄성이 절로 났다. '뽀골뽀골' 잎사귀 가운데 대공이 열리며 공기방울처럼 올라오던 작업을 해 뜨기 전에 보았다. 물이 모아지면 연잎은 사람들을 보기 전에 세수를 했다. 불청객 먼지를 물방울로 또르르 씻어내고 있었다. 아침 해를 맞이하는 맑고 고운 얼굴은 햇살을 기다리는 선녀 같았다.

첨벙, 첨벙, 첨벙, 오리배 선착장에 휴식을 취하던 오리들의 나들이 모습을 관찰하였다. 그들과 사귀는 데는 많은 시간이 흘러야 했다. 한 걸음씩 다가섰지만 그들의 경계는 풀리지 않았다. 처음에는 열댓 걸음 거리에서 도피하던 그들도 자주 다가서자 서너 걸음까지 허락하였다. 사귀고 싶어 다가서는 나에게 그들은 물속으로 피하였다. 어미 따라 연못에서 살아가는 오리 가족의 피난처도 연못이었다.

연꽃이 만발하면 물병아리와 오리 가족도 늘어난다. 그들의 피난처가 되고 먹이를 주는 연못은 꽃이 피고 지면서 번성하였다. 연잎에 숨어 사는 오리 가족과 물병아리의 애틋한 사랑도 보았다. 앙증맞은 새끼들에게 카메라를 들이대자 날개를 펴고 꽥꽥 화를 내며 달려들었다. 연꽃이 만개할 때 불어난 식구들은 연꽃이 지고 나면 가까운 곳에서 사라져 간다. 덕진 연못의 연꽃은 윤회하듯 피고 졌다. 연잎에 물을 올리던 연 대도 계절 따라 시들어 갔다. 시든 줄기사이를 오가던 오리 가족들이 줄어들기 시작한다. 은폐 엄폐하던 연잎 울타리가 무너지면서 오리들의 사생활이 노출되었다. 가림막이 사라진 그들을 노리는 천적들로부터 희생당한 흔적이 보였다.

덕진 연못의 출렁다리가 겨울철에 해체되었다. 덕진 연못은 둑으로 가로막혔다. 출렁다리를 흔들림 따라 연못의 파문과 함께 노닐던 오리들의 터전도 가로막혔다. 연못에 아롱지던 출렁다리 철선은 오선지의 음표 같았다. 백조의 호수처럼 연꽃 따라 춤추던 반영을 올봄은 볼 수가 없다. 출렁다리 아래에서 춤꾼들의 춤사위를 따라 유영하던 잉어들도 줄어들었다. 단오 때가 되면 덕진 연못은 야단법석의 씨름판과 수변무대가 볼 만하였다. 눈이 내리는 겨울, 구름다리 아래로 빠진 그믐달을 보면서 야간 운동에 나선 오리 가족들은 술래잡기놀이를 하는 듯하다.

시궁창 속에서도 꽃을 피우고 열매를 맺으며 자기만의 뿌리를 내리는 연꽃이 보고 싶다. 사람도 연처럼 살아갈 일이다. 연잎 밥에 스며드는 연잎 향기처럼 스며들 일이다. 시궁창에서도 영롱한 정수를 뽑어 올리는 연뿌리같이, 생명이 다하는 순간까지 온몸을 던져 살아갈 일이다. 나도 연꽃처럼 살아가고 싶다.

개와 강아지

바쁘게 사는 나를 보고 '개띠라 똥개처럼 쏘다닌다.'고 아내는 말한다. 무술생인 나는 개와 관련된 이야기도 많이 듣는다. '오뉴월 개 신세'처럼 시한부로 살아가는 인생이 "개 팔자 상팔자"는 아니다.

진돗개 종견을 키우던 수의사와 한 집에서 살던 때였다. 비싼 소고기를 생식하던 씨받이 백구를 바라보면서 나는 개만도 못하다는 자괴감에 젖어 살았다. 공무원 월급이 종견 시급에도 못 미치던 때였다. 씨받이 대가는 족보 있던 진돗개 강아지 한 마리였다. 수의사 C씨는 강아지 한 마리가 20만 원을 넘게 받던 때라 종견을 살뜰하게 보살폈다. 교미를 마친 종견에게 사람도 못 먹던 소고기 덩어리가 제공되었다.

종견이 옥상에서 일을 치르는 날이면 두 집 아이는 방안에서만 놀아야 했다. 그럴 때마다 어린 시절 종돈을 키우던 당숙이 떠올랐다. 서너 집 건너 마당에서 나무틀에 올린 돼지 소리가 나면 나는 무작정 뛰어나갔다. 돼지우리에서 당숙은 종돈을 "가자 가자." 시누대로 토닥거리며 어린아이 달래듯 어르며 몰고 나왔다. 우리를 벗어난 종돈은 천방지축으로 마당 안을 뛰어다녔다. 주둥이로 마당가를 들쑤시던 종돈은 한참 시간이 지난 뒤에 나무틀 위에 올려진 암퇘지 곁으로 다가갔다. 흥미진진한 광경에 꼬마들이 나무틀 주변으로 쪼그려 앉았다. 종돈을 몰고 온 당숙은 갑자기 "애들은 가라."며 시누대로 땅을 때리는 바람에 혼비백산하여 도망 나왔다. 당숙은 종돈을 길러 두 분 형님을 전주로 유학시켰다고 하셨다. 농대를 졸업한 형님은 서신동 외진 곳에 집을 지어 달마티안 등 대형견을 키우고 계셨다.

진돗개와 오소도손 두 가족이 세 들어 살던 집은 풍남동이었다. 골목길에 드나드는 이웃들의 발소리도 모두 기억하는 영리한 개였다. 종견은 소고기 먹는 날을 아는 듯, 아침부터 컹컹 짖는 목소리가 달리 들렸다. 성사를 치른 개는 둥그렇게 말아 올린 꼬리를 살랑대며 주인을 바라보았다. 종견은 소고기로 포식한 다음에는 늘어지게 잠을 잤다. 수의사 C 씨의 사랑을 받는 진돗개는 목줄을 푸는 능력도 있었다. 어느 날, 목줄을 풀고 사라지자 개를 찾지 못하던 C 씨의 안색이 흙색이 되었다. 한나절이 지난 다음 되돌아온 백구의 몸통은 황토색과 풀씨로 뒤범벅되어 있었다. 개장수에게 잡혀간 줄로 알았던 종견이 돌아오자 샴푸를 풀어 씻겨주었다. 개 목욕을 마친 C가 말했다.

"이 형, 오늘 이 개새끼가 바람피운 통에 수십만 원 손해 보았네."

투덜거리며 내뱉던 '이 개새끼'란 욕이 이 씨이며 개띠인 나를 싸잡아 던지는 욕 같아 심기가 불편했었다. 외도한 종견에게 더욱 넓고 단단해진 목도리가 채워졌다. 개를 바라보면서 백구는 십 리 밖에서도 발정 난 암캐를 안다는 진돗개 후각 예찬을 들어야 했다.

수의사와 살면서 일본의 진도견이라는 아키다와 시바견, 아이스크림 선전에 나오던 퍼그, 시베리안 허스키도 알게 되었다. 호랑이도 무서워한다는 풍산개, 1억 원을 호가한다는 사자개 이름까지 알게 된 것은 순전히 수의사 C를 만나고부터였다. 가장 위험하다는 핏볼테리어 개싸움 판이 벌어진 다가공원에 갔었다. 한번 물면 절대 놓지 않는다는 불도그와 테리어의 교잡종이라는 사실도 처음 알았다.

근무하던 대학에서 애견학과에서 키우던 애완견 처분으로 고민에 빠졌었다. 폐사도 유기도 할 수 없는 난처한 상황이었다. 다행히 퍼그 한 마리는 자폐증 아들을 둔 후배에게 분양하였다. 그의 아들이 개와 함께 지내면서 좋아졌다는 소식에 기분이 좋아졌다. 작년 초 조카가 아파트에서 키우던 아키다와 시바견을 단독 주택에 살던 지인에게 넘겨주었다. 그와 함께 장기간 여행을 가기로 한 추석 전 그는 넘겨준 값비싼 애완견 두 마리를 처분했다며 개다리 하나를 가져왔다. 장기간 여행을 떠나기 때문에 어찌할 수 없이 처분한 것이라고 했다. 여행 때문에 애꿎은 개만 생명을 잃었다. 의젓한 아키다 모습이 떠올라 보신탕을 좋아하시던 분에게 개다리를 넘겨드렸다.

말도 많았던 개띠해인 무술년 한 해가 저물어 간다. 사람 팔자도 개 팔자와 같이 순식간에 사라질 뻔한 심근경색에서 살아난 한 해였다. 그래도 사랑스러운 강아지만 보면 정이 간다. 저물어 가는 한 해이다. 외국으로 떠나갈 외손녀와 이별이 다가온다. “내 강아지.” 하고 팔을 벌린 외할머니에게 “유나가 개 새끼예요?” 반문을 한다. 그래도 아내는 무술생 쌍둥이와 외손녀만 보면 “내 강아지”라고 부른다.

3. 지게 철학

단 하루만 세상을 볼 수 있다면

3년 전에 만난 장애 문우가 신인문학상을 받았다. "단 하루만 세상을 볼 수 있다면" 그날은 문학싱 수상일이면 더욱 좋겠다는 생각이 든다. 야간반에 하얀 지팡이를 들고 2층으로 올라와 수업에 참석한 문우다. '한소네'의 점자터치로 수업에 몰입하던 모습을 바라보다가 수업시간이 끝난 줄도 몰랐다. 그는 앤 설리번과 같은 장애를 가진 교사였다. 그가 신인문학상을 받던 날 모든 문우가 자기가 상을 받은 것처럼 기뻐하였다. 그를 처음 본 순간 언젠가 버스에서 만났던 사람으로 착각했었다.

2002년 코아 호텔 앞에서 여의도행 버스에 오르던 때였다. 진돗개와 함께 하얀 지팡이를 더듬거리며 차에 올라 내 옆 좌석에 그이가 앉았다. 나 또한 충격성 백내장 수술을 받았던 일이 있기에, 실명의 불편함을 익히 알고 있었다. 개를 발견한 승객들은 뒷좌석으로 피해갔다. 나는 개와 소녀가 안쪽 좌석에 앉도록 자리를 바꾸었다. 창가에 앉은 개가 주인을 바라보는 눈길이 그윽했다. 개의 머리를 쓰다듬던 그녀는 학창시절에 시신경이 죽어 시력을 잃었다고 말했다. 효사랑 요양병원 실습과정에서 성 요셉 동산에서 오신 실명한 할머니 한분을 만났다. 창가에서 홀로 하염없이 묵주만 돌리시던 그분은 완산칠봉 쪽만 응시하고 계셨다. 10여 년 전부터 시작된 시신경 약화로 사람과 산은 실루엣처럼 흑, 백색 형체만 보인다고 했다. 할머니를 모시고 안과에 가던 날, 황반변성 안질환에 대한 설명을 들었다. 노인안질환자 중 자외선 과다 노출 원인 환자군에서, 10%이상 발견된다는 불치병이라고 했다. 보행 유도봉 따라 더듬거리던 환자는 세 명 더 있었다. 그들 따라 눈을 감고 활동해 보니, 채 5분도 안 되어 갑갑하기 그지없었다. 실습과정에서 알게 된 실명의 고통이 떠올라, 젊은 문우의 인생이 안타까웠다. 문우의 수필을 읽을 때마다, 장애자가 겪는 일상의 불편이 절절하게 다가온다. 장애교사가 느끼는 동병상련의 제자들 고통까지 배가되어 느껴진다. 제자들을 사랑으로 감싸는 문우도 앤 설리번 같은 교사가 되기를 바랄 뿐이다.

"네가 포기하지 않고 간절히 원한다면 기적은 언젠가 꼭 찾아올 거야." 로라는 애니에게 희망을 주었다. 가정폭력 속에 자란 앤 설리번은 부모와 동생까지 죽자 정신병에 시력까지 잃게 된 맹인이었다. 실어증과 죽음을 앞둔 애니를 보살핀 사람은 가슴 따뜻한 '로라'였다. 장애 학교에서 공부하던 애니는 우연히 만난 의사의 도움으로 시력을 되찾아 교사가 되었다. 시력을 되찾은 애니는 자신의 기적을 헬렌 켈러를 통하여 재현하였다. 보지도 못하고, 듣지도 못하고, 말하지도 못하던 헬렌의 교사가 된 것이다. 하버드 대학 부설 래드클리프 대학을 졸업한 헬렌은 '눈을 뜨면 가장 보고픈 사람은 앤 설리번' 교사였다.

사회복지학 수업 중, 장애인 정책을 토론하던 때였다. 장애자에 대한 편견으로, 장애인 자녀를 둔 학우에게 상처를 준 적이 있다. 정신지체 남성을 경제학적 측면에서 거세 해야 한다고 주장하였다. 장애인 자녀를 두고 장애인 관련 법안을 제안했던 학우의 항의를 받았다. 장애인의 복지는 인간만이 할 수 있는 최선最善의 가치임을 토론을 통하여 뒤늦게 알게 된 것이다.

한소네를 바라보면서 보편적 인간다운 삶을 보장한 기기를 개발한 과학도의 인본정신에 고개가 숙여진다. 시각장애인에게, 세상과 소통시킨 한 한소네는 볼수록 신기한 기계다. 볼 수 없는 세상일과 메일까지 손끝으로 읽게 하는 천사표 기계가 아니겠는가? 문우의 손끝에서 빠른 속도로 움직이는 신기한 기계가 그를 헬렌 켈러 같은 문인으로 키워 주리라. 보지 못하는 세상을 내면 성찰이 실타래처럼 풀려나오는 작품을 기대한다.

엄마와 아내, 교사와 수필수업을 받는 학생으로 1인 4역 하는 그를 진심으로 응원한다.

지게 철학

나는 아버지의 지게 타기를 참 좋아했다. 목마 타기에 비하면 지게 타기는 하늘을 나는 기분이다. 성큼성큼 이동하는 발걸음의 쿵쾅거리는 느낌이 그대로 전달되기 때문이다. 시누대밭 사잇길로 지나가는 느낌은 허공에 두둥실 뜬 열기구를 탄 느낌이었다. 하늘을 찌른 작대기를 잡고 바라보던 산과 들, 바다로 나가는 길에 구름도 따라나섰다. 논두렁 낭떠러지길 위에서는 아찔한 현기증에 오금까지 저려왔다. 지게 타기의 짜릿함은 타 본 사람만 알 수 있는 스릴이 있다. 선친이 만들어준 지게 선물은 잊을 수 없다. 1965년 3월 2일 입학식이었다. 눈이 내린 아침에 양철 대문을 열다가 손이 시려 했던 말이다. “아이 추워, 학교를 가기 싫다.” 하며 나는 아버지를 바라보았다. 밤색 중절모에 두루마기를 입고 나서던 아버지가 “작파하자.”고 해서 입학을 포기했다.

젖먹이 남동생이 홍역으로 죽었다. 그를 강보에 말아 아버지가 바작에 얹던 날이었다. 동생을 안아 지게 바작에 얹자 일곱 살 나도 같이 타겠다고 떼를 썼다. 나를 잡던 어머니에게 방에 들어가라고 호통을 쳤다. 집을 나서던 아버지를 따라 어머니 손을 뿌리치고 달려 나갔다. 모퉁이 언덕까지 따라나선 나를 아버지가 불러 세웠다. 울음을 그치고 다가선 나는 작대기로 볼기짝을 얻어맞았다. 지게는 타지도 못한 채, 내리막길을 내려오면서 큰소리로 울었다. 그때 맞은 매가 아버지에게 처음이자 마지막으로 맞은 매였다. 빈 지게로 돌아온 그 날 이후로는 아버지는 지게를 태워주지 않았다.

햇살이 따스하던 다음해 봄날이었다. 아버지는 짜구와 끌로 기다란 소나무를 디듬었다. 한나절 동안 만들던 공작물이 지게였다. 입학을 포기한 나에게 "공부하기 싫으면 일을 해야 한다."고 만들어준 선물이 맞춤 지게였다.

장난감 같은 작은 지게를 지고 작대기를 지팡이 삼아 아버지를 따라 다녔다. 마주치는 어른마다 웃으며 머리를 쓰다듬어 주셨다. 백호가 넘던 마을에서 지게를 진 어린이는 나 혼자뿐이었다. 학교를 안 가겠다는 아들과 지게를 지고 나서는 모습은 마을에서도 화젯거리였다. 소를 앞세우고 쟁기를 진 아버지를 따라나선 길은 언제나 신바람이 났다. 쟁기질을 마친 아버지와 고무신을 지게 가지에 끼우고 따라다녔다. 마주치던 어른들이 머리를 쓰다듬어 주는 칭찬이 마냥 즐거웠다. 들판의 새참에 초대 받아 먹던 게장 밥맛은 지금도 생각난다.

5월부터는 모가 자라는 모판에 물을 넣고 빼는 일이 일상사였다.

아버지를 따라다니며, 월령가와 작게 만든 두레박질도 배웠다. 망종 모내기철, 모 지게와 모쟁이 노릇은 며칠 동안 계속되었다. 미끄러운 논두렁길에서 넘어지면 흙 범벅이 되었고 수렁에서 빠져나오는 일이 힘들었다. 뜨거워지는 6월에는 보리를 베었다. 지게에 짊어진 한 묶음 보릿단은 무거웠다. 지게 위의 보릿단에서 부서진 보리 까끄라기는 목덜미로 떨어진다. 까끄라기가 붙은 피부는 상처가 생기고, 땀이 닿으면 쓰라리다. 송아지의 멍에처럼 보리 까끄라기만 닿으면 진저리가 났다. 보릿단을 운반하던 지게가 지겨워졌다. 모깃불 속에 지게를 태워버린 어머님 덕분에 지게로부터 해방되었다.

술을 마시고 대드는 상황을 흔히 "꼬장 부린다."고들 말한다. 이 또한 꼬작에서 연유된 것으로 생각한다. 꼬작이란 짐을 많이 지기 위하여 지게의 윗부분에 덧세운 두 개의 V자형 나무 막대를 말하지만 분명한 목소리로 똑똑하게 윗사람에게 대드는 모양을 칭하기도 한다. 조선의 기능성 지게를 수용한 일본에서 꼬장こうざん은, 고산高山과 고봉을 의미한다. 지게에 장착하는 꼬작대기가 꼬장에서 고작으로 변화한 과정 또한 흥미로운 일이다.

간단한 도구지만, 지게 속에는 철학적 사연도 담겨 있다. 고령의 노인을 산속에 내다 버리던 고려장의 매개체가 지게였다. 할아버지와 함께 버린 지게를 챙기던 손자가 "아버지를 버릴 때 다시 사용하겠다."고 했다는 이야기가 전해 온다. 패륜의 고려장 풍습이 "동방예의 지국, 효가 백행의 근본"이 된 격언도 지게에서 비롯된 것이다.

인생무상을 노래한 이태백과 송강의 〈장진주사〉 가사에서, 이승과 저승을 연결하는 도구가 지게였다. 소리꾼 장사익의 〈꽃구경〉 노랫말 또한 애잔하다. 어머니를 버리려는 아들의 귀갓길을 걱정하는 지게 위의 노모가 가사에 나온다.

술잔에 어리는 인생의 시작과 끝에 대한 지혜와 교훈이 서려 있다.

지게는 나에게 학업 동기를 부여한, 철학이 담겨진 도구였다.

무언의 대화

벌초는 산 자와 죽은 자가 대면하는 대화의 현장이다. 선산에 안장된 선친과 대화에 나섰다. 면소재지 철물점에서 조선낫과 갈퀴, 장갑을 샀다. 선대 조상님이 안장된 묘역에는 한여름 장마에 자란 잡초가 무성했다. 작업복장으로, 선크림을 바른 다음 모자를 썼다. 소꼴을 베던 시절의 기억을 떠올리며 들어선 묘역은 9월의 따가운 햇살이 열파처럼 피부에 전달되었다.

종형과 함께 먹딸기(까마중), 쑥 등 잡초들을 집중적으로 제거하였다. 벌초 시작 5분 정도 지나자 유리창에 흐르는 빗줄기처럼 땀과 선크림이 흘러내렸다. 한참도 안 지나서 팔목은 시큰하고 손아귀 힘이 빠지니 손이 떨렸다. 벌초하러 나온 것을 후회했다. 뜨거운 햇볕에 베어낸 풀이 금세 바짝 말라비틀어지는 벌 안은 작업한 묘역보다, 남아있는 묘역이 넓어 잡초들이 비웃듯 건들거렸다. 활개 위 조경수를 감아 튼 잡초는 정글처럼 울창했다. 미국자리공, 칡넝쿨, 가시 달린 환삼덩굴이 갈등처럼 얽혀져 있었다. 어른 키보다 높이 자란 풍년초, 풀대에서 날리는 꽃가루가 땀에 범벅되어 눈 뜨기조차 어려웠다. 연한 피부는 잡초에 찢기고, 찢긴 부위의 상처에서 피가 보이고, 상처에 땀이 스며드니 쓰라렸다. 벌초 비용이 비싼 이유를 알게 되었다.

호기로 나선 벌초가 하루 이틀로 어림없다는 사실을 깨닫게 된 것이다. 헐떡거리며 노송 그늘 아래에서 땀을 식힐 때 조카 셋이 올라왔다. 형님 산소를 가던 조카들이 할아버지 산소를 먼저 들른 것이다. 반갑게 맞이한 조카들에게 도움을 부탁하자, 예초기로 작업하자는 조카들을 따라 생가에 들어섰다. 예고 없던 방문에 깜짝 반긴 어머니는 예초기를 차에 싣는 조카들을 따라나섰다. 무더운 날씨에 아들 묘지로 따라나서는 어머니를 만류했다.

형님은 2008년 어버이날 59세에 요절하셨다. 벌초 현장은 벌도 나오고 남향이라 무덥기도 하지만, 큰아들이 그리워 우실까 봐 만류한 것이다. 나는 어머니에게 짐짓 큰소리로 화를 내며 휑하니 집을 먼저 나섰다. 화를 내면 안 오실 줄 알았던 어머니가 장남의 산소를 보러 나오신 것이다. 소나무 그늘 아래 어머니가 쉬시도록 부축해 드렸다. 묘지 앞을 가린 아까시, 싸리나무, 미국자리공을 낫으로 쳐내고 조카들은 예초기로 잔디를 깎았다.

벌초에 몰입하던 어느 틈에 아들 무덤으로 내려오신 어머님의 까만 주름 위로 눈물인지 땀인지 모를 물기가 흘러내렸다. 예초기 소음 속에 큰 목소리로 위험하다고 만류했지만 소용없었다. 형님 벌초에 어머니 포함해서 다섯 명이 동원된 것이다. 어머니를 집 앞에 내려 드리며 "왜 사서 고생하시느냐."고 말한 것은 종중 벌초에 동원된 조카들에 대한 미안함의 표시였다.

고령의 종장 형님은 여전히 선산 묘역의 풀을 뽑고 계셨다. 젊은 조카들이 동원된 벌초는 속도가 빨랐다. 추석 벌초 귀경객들의 혼잡을 피하려고, 점심까지 거르며 강행한 결과 선산 벌초가 두 시경에 끝났다. 처음 짊어지고 작업해본 예초기의 후유증은 작업 후에도 팔이 저절로 떨리며, 앵앵 소리가 귓전에 메아리쳤다. 벌초를 도와준 조카들에게 늦은 점심으로 심원에서 풍천장어를 먹였다. 선산 벌초에 정신 팔려 어머니와 점심도 함께하지 못한 점이 못내 아쉬웠다.

형님의 분묘는 설창이라 불리는 고창군 해리면 광승리 뒷산에 있다. 학창시절 어느 겨울이었다. 눈이 그치자 형님이 묻힌 산으로 땔감을 가지러 올라갔다. 묘지 뒤편에 있던 작은 바위 아래 지게를 부리던 중, 바위에서 똬리를 튼 하얀 뱀을 보았다. 깜짝 놀라 뒤따르시던 어머님에게 알렸다. "겨울 뱀은 무조건 잡아야 된다."며 부리나케 솔가지를 꺾던 어머님의 낌새에 백사는 바위틈 속으로 사라졌다. 하얀 뱀 꼬리가 사라지자, 어머니가 들려준 백사 이야기가 생각났다. 5대 조모가 병석에 누운 할아버지께 눈 속에서 잡은 뱀으로 봉양하여 병이 완쾌된 이야기였다. 구전으로 전해온 이야기는 족보에도 기록된 사실이다. 노모께서는 평소 '부모를 노인 병원에 입원시키는 것은 고려장이며, 화장하는 자식들은 불효자다.'라고 주장하셨다. 나는 시대적 상황을 들먹이며 “영혼이 떠난 사체에는 별다른 의미가 없다.”는 이유를 들어 노인병원의 장점과 화장장을 옹호했었다. 벌초 길에 벌어진 아들의 지청구로, 집 앞에 내려드린 어머니의 뒷모습이 쓸쓸해 보였다.

그 뒤로, 작은아들이 아무리 잘해도 장남만 못하다고 말씀하셨다. 장손인 조카의 차에 타신 것은 작은아들에 대한 무언의 시위였던 셈이다. 큰아들 옆에 나란히 묻히고 싶다던, 아들 곁에 가고픈 어머니의 마음을 알게 된 벌초길이었다. 걷기조차 불편한 망구의 노모는 선산 시제에 참석한다. 최고령의 종가 며느리는 매장을 원하는 의사표시를 했다. 벌초 길에서 돌아가신 선친과의 대화보다 살아계신 노모의 속마음을 알게 된 것이 무언의 대화이자 소득이었다.

창덕궁과 닭 한 마리

창덕궁 담장 아랫동네에 아들이 살고 있다. 도심 안에 자전거조차 들어갈 수 없는 허름한 전셋집이다. 한번은 창경궁 담장 밖으로 떨어진 낙엽을 쓸다가 도토리를 한 움큼 줍기도 했다. 싸구려 전셋방에 산 지도 어언 5년이 다 되어가건만 애비가 머문 시간은 하루도 안 된 것 같다. 친구 아들 결혼식에 참석하려고 상경하던 날, 아들이 보고 싶었다. 연락을 받은 아들과 집 앞 골목길에서 만나 되돌아 나왔다. 대학 입구로 걸어가다가 명륜당을 설명하는 선생의 마이크 소리에 귀를 기울였다. 명륜당 현판은 조선왕조 명필 한석봉이 썼다는 대목이었다. 621년 전 세워진 성균관은 조선시대에 세워진 대학이다. 공자를 모신 대성전과 시험 장소인 비천당 마당을 천천히 돌았다. 〈성균관 스캔들〉 사극을 통해 보았던 기숙사는 공사 중이었다. 직경이 3미터가 됨직한 은행나무는 기숙사에서 공부하던 학생들이 성적 배출 장소로 사용했다는 흔적은 메꾸어져 있었다.

수험생 아들은 전복 삼계탕을 사주겠다는 제안을 한사코 거절하였다. 대신 아들이 가자고 한 식당은 한 마리에 2만 원 하는 영계를 끓이는, 할머니 혼자 일하는 식당이었다. 졸음을 쫓고자 과식을 억제한다는 아들은 국물과 살만 조금 먹었다. 아들이 건네준 닭다리 두 개를 먹는 둥 마는 둥하며 빠져나왔고 아들은 고시원을 향해 총총히 사라졌다.

결혼식까지는 두 시간의 여유가 있어 평소 스쳐가던 창경궁의 입장표를 샀다. 실로 40년 전에 가보았던 창경원은 벚나무가 사라진 도심 속에 아늑한 공간이었다. 1979년 세종로 1번지에서 종로를 거쳐 창경원까지는 구보하면서 들르던 장소였다. 일본 국화 사구라 꽃이 피고 지던 창경원은 일본이 조선 왕실을 의도적으로 격하시킨 놀이터라고 한다. 이러한 동물원을 원상복구하는 과정에서 동물은 서울대공원으로, 벚나무는 여의도 윤중로에 옮겨졌다고 한다. 근대식 식물원 자리와 몇몇 건물은 낯설지 않은 건물이었다. 내친 김에 창덕궁까지 관람하기로 하였다. 외국 사절을 맞이하던 인정전의 아름다운 모습이 국내외 관광객들의 시선을 사로잡고 있었다. 역사가 바로서기 전 40년 전에는 꿈도 꾸지 못하던 변화였다. 아름다운 후원을 보고 싶었으나, 예식시간이 가까워지자 초조하였다. 바쁜 걸음으로 나오던 길에 명륜당에서 보았던 초등학생 일행을 다시 만났다. 간식을 먹으며 해설을 듣던 모습은 진지했다. 이들을 가리켜 아들이 설명한 내용이다. 서울의 부유층에서는 명문 대학을 보내기 위해서 초등학생

때부터 선행학습을 시킨다는 것이었다. 예전에는 가난한 사람들도 좋은 대학에 입학했지만 이제는 선행학습으로 특목고를 나온 학생들이 좋은 대학에 다수가 입학한다는 것이다. 여러 차례 고시공부에 떨어진 아들에게 풍족한 학비를 주지 못한 가슴이 찔렸다. 부모에게 학비 부담을 덜어주려고, 고시원에서 아르바이트 하면서 공부하는 막내이다. 지하철에 오르니 아들 또래 젊은이들이 일요일을 맞이하여 어디로 가는지 왁자지껄 떠들고 있었다. 인생의 황금기를 독서실에서 주야장창 매달리는 근심 어린 아들의 얼굴이 스쳐갔다. 그래, 아빠는 아들 나이에 가장이었다고 위안을 삼았다.

아들 인생은 아빠가 대신할 수 없는 삶이다. 어차피 인생은 자신이 개척해야 하는 불확실한 미래다. 다만 그의 진로가 창덕궁과 같은 우여곡절을 겪지 않기 바랄 뿐이다. 주먹 크기의 닭 한 마리도 먹지 못하고 와룡현으로 들어가던 아들의 뒷모습이 측은해 보였다.

〈베테랑〉과 풍경 소리

정신을 일깨우는 맑은 풍경 소리가 은은하게 들려온다.

사찰 처마에 매달린 풍경은 몸을 떠는 파장으로 기미를 막아낸다. 오랜만에 풍경 소리 같은 영화를 보았다. 〈해운대〉, 〈변호인〉, 〈암살〉 등의 영화는 1000만 관객이 찾은 완성도 높은 영화다. 돈 냄새 풍기는 홍보기사에 끌려 본 영화는, 영화관을 나오면서 본전 생각이 난다. 〈베테랑〉은 실제사건과 유사한 재벌가를 패러디한 통쾌한 영화였다. 영화관을 나설 때 풍경 소리 같은 감동과 울림이 있었다.

광복절에 〈암살〉이란 영화를 보았기에 오로지 주인공 배우 황정민을 믿고 고른 첫 번째 영화이기도 하다. 4년 전에 〈전설의 주먹〉 영화가 전주에서 촬영되었다. '수빈이네 국수집' 촬영 세트가 보존된 전주천 동로의 구 관광호텔 주변이 주요 무대였다. 영화 말미에 내 이름이 자막이 들어간 영화였다. 〈전설의 주먹〉 영화 제작에 기여하면서 황정민 주인공 따라 영화를 관람했다.

〈베테랑〉은 재벌에게 당하기만 하던 약자의 설움을 해결해주는 수사형사의 활약 영화다. 한국 사회에서 벌어지는 정경유착에 대한 사회고발 작품이다. 정의가 사라진 사회 정화와 억압받는 계층의 해방 주제는 현 시대 상황을 고발한 영화다. 재벌가의 횡포를 연기한 유아인 소름끼치는 연기가 압권이었다. 서민들의 고통과 재벌가의 밤 문화를 국민들에게 보여준 영화이기도 하다. 형사 서도철은, 형사계 시절 꿈꾸었던 롤 모델이기에 주인공으로 빙의되어 몰입되었다.

피해자가 매를 맞고 돈을 받는 현장을 아들에게 보게 한다. 재벌의 잔인한 폭력에 가슴이 아렸다. 진실을 외면한 기업 문화와 생계 때문에 입을 다문 소시민의 애환에 숨이 막힌다. 결혼, 집, 자녀, 내 집 마련과 인간관계까지 포기한 5포의 시대다. 양극화로 치닫는 현대사회를 해부하여 고발한 시나리오가 국민적 공감대를 형성하였다.

광고로 먹고 사는 언론사는 대기업 눈치를 보고, 언론에 재갈을 물리는 자본주의의 폐해를 고발했다. 정권의 치부를 건드리는 언론사에 광고를 주지 않는 치졸함에 분노가 차오른다. 정의가 강물처럼 흐르는 세상이 아니라 불의가 흐르는 강물을 차단하는 세상이다. 견고한 산성을 쌓고 국민을 이간질 시키는 정부정책이 오버 랩 되었다. 분단과 빈부의 격차를 조장하는 낮은 수준의 정치가들 때문에 '헬 조선'이라는 신조어가 나타나는 세상이 아닌가?

소외계층인 노동으로 하루하루를 먹고사는 화물차 기사들의 삶이야 어찌할 것이랴. '노블리스 오블리주' 사회가 아닌, 빈익빈 부익부로 부의 편재가 심한 세상이다. 고위직 공무원들을 대기업의 바람막이로 내세우는 실상이 까발려졌다. 어려움을 모르고 자란 졸부 자녀들의 유흥가 행패는, 화를 넘어 분노가 치밀었다. 고급 차 파괴와 추격의 스릴과 주인공의 수사 진행에 대한 몰입으로 손에 땀이 흥건해졌다.

"쪽팔리게 살지는 말자."던 주인공 부인의 대사를 듣고 아내의 손을 잡았다. '수신제가치국 평천하'였다. 수사 과정의 외압과 배제, 정경 유착의 고리가 만연한 사회를 준엄하게 꾸짖는다. 영화 대사 속에 '닭대가리'는 민심을 이반한 최고 통치자를 칭하던 은어였다. 서민들의 민심을 드리낸 욕지기리가 스트레스를 날려버린 통쾌한 대사였다.

스토리 흐름상 권선징악 영화가 성공한 저변에는 소리 소문의 끈이 보인다. 국민들의 불만을 대리만족시킨 주인공의 연기력과 제작자의 의도이다. 현실에서 벌어졌던 유사 사건을 배경으로 한 영화 제작자의 고발에 박수를 보낸다. 대기업과 권력의 유착이 가져오는 폐습에 대한 경종이 사회변화의 불씨가 되리라. 아들이 맞았다고 보복한 그룹 총수와 노조 탄압에 자살로 항거한 원혼을 위로한 영화였다. 국가의 조직은 건강해야 한다. 상탁하부정이 만연한 한국을 고발했다. 권력과 기업의 유착에 대한 시의 적절한 경고성 영화였다. 국가의 기본 틀의 붕괴를 걱정한 베테랑 형사가 위안이 되었다.

강정마을 탄압과 세월호 사건, 관제 선거 부정으로 암울한 나라다. 뻔한 스토리에 열광했던 국민들의 여망이 있다. 정의로운 사회를 갈망하는 시대적인 요청을 그려낸 영화였다. 영화를 빛낸 천상천하 유아독존 재벌3세인 조연의 유아인 연기가 돋보인다. “어이가 없네, 뒷감당을 하겠어요?”라던 유행어가 아프다. 유해진(오달수)의 능익은 보통사람 연기는 감초 같은 웃음을 안겨주었다. 소리 없이 건물을 포위하는 거미를 거부하는 처마의 풍경처럼, 권선징악의 주인공 황정민의 연기가 너무 좋다. 〈베테랑〉은 풍경 소리 같은 영화였다.

새로운 생일

111년 만에 최고 더위가 연이어 갱신되고 있다. 강원도 횡성이 41.3℃, 서울과 전주 기온도 39℃를 오르내린다. 일상화된 열대야 속에 베란다에 놓아둔 계란이 자연 부화되었다는 뉴스거리도 있다. 인류가 파괴한 화석 연료의 공습이 시작되는가 보다. 지속되는 찜통더위에, 수천 명의 온열환자 발생으로, 염천지옥 같은 한여름이다. 욕조 안 목욕물과 같은 요즘 날씨에는 그냥 있어도 땀이 흐른다. 응급환자를 구해주는 119전화에 허위 신고가 많다는 방송이 나왔다. 도움받고도 미루었던 허위 신고에 시달리는 119 구급대 방문을 하기로 했다. 가족과 어머님을 모시고 점심식사를 마친 뒤 간단한 여름과일을 준비하였다.

두 달 전, 나는 급성 심근경색 환자로 구급대의 구조를 받고 살아났다. 저녁 늦은 시간에 가슴을 움켜쥐고 쓰러진 남편을 본 아내의 신고로 구급대는 3분 만에 도착했었다. 환자상태를 보자마자 심근경색 응급환자라며, 앰뷸런스는 응급실로 직행하였다. 신속한 대응으로 수술하여 되살아난 것이다. 올 여름에 구급차량 이동 소리가 예전보다 더 들려온다. 앰뷸런스 경광등 소리가 들릴 때마다 가슴 조이는 환자 가족들의 애타는 마음까지 느껴진다. 나는 도로에서 앰뷸런스 차량만 만나면 양보를 한다. 홍해의 기적처럼 고속도로에서도 앰뷸런스 차량에는 길을 열어주는 국민도 많다.

'외출복차림의 멀쩡한 사람을 원거리 병원까지 태워 줬다.'는 얌체족에 대한 구급대 출동 사례가 방송되었다. 응급 환자가 부쩍 늘어난 요즘에는 누구라도 환자 가족이 될 수 있다. 앰뷸런스에게 길을 양보하는 것은 생명을 구하는 선행이다. 119 허위신고로 앰뷸런스가 출동하면, 응급이 필요한 사람에게는 피해를 주는 행동이다. 나를 구해준 완산소방서를 찾아갔다. 출동 준비를 하고 대기하는 소방서 앞마당 아스팔트 온도가 40℃가 되던 오후였다. 냉장 수박을 건네준 다음, 5월 28일 응급 환자로서 도움을 받았노라고 방문 경위를 소개했다. 당시 출동하신 분들은 다른 소방서로 발령이 났거나 비번으로 뵐 수 없었다. 출동하신 은인들은 응급 구조사 1급 자격자임을 당직관의 설명으로 알게 되었다.

쉬는 분들에게 사전에 전화 드리지 않고 불쑥 찾아가서 미안했다. 은혜를 입고도, 바로 찾아뵙지 못함을 사과하였다. 당직관은 허위 신고를 받고 출동하면 허탈하기도 한데 찾아 주셔서 도리어 감사하다고 말했다. 야간에 나온다는 출동하신 분들의 노고에 감사의 마음을 전하고 나오니 마음의 빚을 덜어낸 듯했다. 신속한 출동으로, 건강을 되찾게 된 그날을, 아내는 새로운 생일로 정하자고 한다. 더위 속에서 나를 낳고 길러주신 어머니와 살려주신 구급대원들의 노고에 감사했다.

인생은 선율 따라

인생은 선율처럼 따라 흐를지도 모를 일이다. '청아'는 우리 부부의 첫아이였다. '푸르게 빛나라'고 지어준 이름처럼 음악에도 소질이 있다. 4일 연휴 어버이날에 가족이 다 모였다. 전국 가야금대회 출전날, 감기약을 먹은 사위가 내게 운전을 부탁했다. 소풍 가는 기분으로 연주자 청아를 태우고 집을 나섰다. 나는 로드매니저, 아내는 패션매니저, 아들은 스케줄매니저라 부르기로 했다. 목적지 '구례문예예술회관'을 향해 상관 IC에서 완주-순천 간 고속도로에 올랐다. 연두색 잎사귀가 어린애 손바닥처럼 곰실거리는 산하에, 아까시 꽃향기가 바람에 실려 코끝을 자극했다. 모처럼 나들이에 남도에서 즐길 점심 메뉴 선정에 제각기 다른 의견이다. 지리산 자락에 자리 잡은 구례로 가는 고속도로는 터널이 많다. 아이들의 어린 시절 구불구불하던 지리산으로 피서 갔던 때가 떠올랐다. 김밥과 라면, 짜장면, 삼겹살로도 행복했던 탈색된 추억들이 들락날락하던 터널의 명암처럼 바뀌지며 나타났다.

‘제14차 전국가야금경연대회’란 현수막이 펄럭이는 목적지에 도착했다. 국악 부문에 대통령상을 건 최초의 대회는 전주대사습놀이다. 대통령상은 명인, 명창 등용문으로, 국악인들 사이에는 꿈의 무대다. 꿈꾸는 남녀노소 출연자들마다 곱게 단장한 한복 차림으로 기다리는 자투리 시간에 맹연습 중이었다. 전주 대사습대회의 행사장처럼 예술학교 단체와 개인별 출연자, 친지들이 북적거리는 현장이었다. 공연순서가 끝 부분으로 결정되어 남은 시간 주변 관광을 하려고 화엄사로 차를 몰았다. 지리산자락 들판은 눈길이 머무는 곳마다 만개한 꽃과 푸르름으로 가득했다. 절 입구에 도달하니 정오가 가까웠다. 사찰관람으로 공연 시간에 쫓기는 것보다, 여유로운 점심식사를 하기로 일정을 수정했다. 섬진강다슬기전문점은 구례장터처럼 손님들로 가득했다. 다슬기전과 다슬기비빔밥, 다슬기무침. 다슬기수제비로 풍성한 점심식사를 했다.

경연 실황은 심사위원 7명의 채점 결과까지 공연장 안팎의 모니터와 화면에 실시간으로 공개되었다. 시시각각 바뀌는 순위에 탄성과 아쉬움이 교차되었다. 11번째 청아의 연주가 끝나자 리딩 보드에 1위로 올라왔다. 꿈을 꾸는 듯했다. 최종 결과는 대구에서 온 마지막 출연자가 금상, 서울 이청아가 은상을 받았다. 입상자 모두 외지인들이었다. 짧은 경력의 신인 청아는 전국대회에서 상장과 상금을 받은 것이다. 졸지에 외식하러 왔다가 매니저 수당을 받게 됐다며 웃음꽃이 만발했다.

아내는 임신 중에 태교음악으로 모차르트 음악을 자주 들었다. 태아에게 들려 주려고 당시 방영된 실크로드 배경음악 테이프도 샀다. 사막을 걷는 낙타와 함께 석양을 배경 삼아 흐르던 실크로드의 애잔한 선율을 나는 좋아한다. 딸이 연주한 가야금 가락도 가슴을 후비는 애잔한 선율이다. 태교음악으로 들려주었던 실크로드 음악을 틀 때마다, 유아기의 큰딸은 입을 삐쭉거리다가 슬피 울었다. 네 살부터 시작한 청아의 피아노 실력을 선생님은 특별한 재능이 보인다며 칭찬하였다. 초등학교부터 상산고등학교 합창단, 서울 대형 성당의 피아노를 연주한 실력을 애써 외면했었다. "교양과목 교수님이 음악 전공으로 전과를 권한다."던 S대 1학년 때 딸의 전과 의사를 한마디로 거절했다. 음악 과외비용이 너무 비쌌기 때문이다. 음악에 대한 미련을 버리지 못하고 만삭의 몸으로 준비한 딸의 노력에 가슴이 찡했다. 큰 상을 받고 떠난, 딸의 손때가 묻은 피아노를 시댁에 실어 보냈다. 젊은 시절 가보처럼 구입했던 피아노에는 삼남매의 손길이 닿아있다. 때 묻은 피아노의 먼지를 닦아내고 조율한 피아노를 보내던 날 시집 보낸 날처럼 허전했다. 새로 태어날 손녀와 나란히 연주하는 모습을 상상해본다. 슬픈 선율에 반응했던 딸처럼 태명이 은총인 손녀에게도 이어지려나?

잠자리비행기

'내 고향은 내가 지킨다.'는 예비군 창설에 따른 시범 훈련이 있었다. "청와대를 까부수려 왔수다." 향토예비군 창설은 김신조 사태가 발생한 1968년 1월 21일 이후였다. 고창 해리에 있는 우리 집은 솟구재와 마주보는 위치라 훈련본부가 되었다. 대통령과 정부 요인들이 참관한 산등성 정상은 전망이 좋다. 우측에 줄포만과 변산반도, 중앙으로 내죽도와 위도가 한눈에 들어온다. 좌측에는 조기 떼가 노니는 칠산 앞바다, 구시포구 너머 영광 원자력발전소가 눈앞에 펼쳐진다. 뒤로는 선운산을 감싸 안은 병풍처럼 둘러선 배맨바위가 있다.

훈련을 앞두고 대통령의 좌대 옆 공간 좌, 우로 수행 장관들의 자리가 계단식으로 마련되었다. 1968년 5월 7일 시범훈련 당시 솟구재와 정면으로 마주하는 우리 집 마당 ㄱ자 기둥에 학교 종이 매달렸다. 금광과 장군바위 해안으로 접안한 모의간첩이 육지로 상륙하는 훈련이 시작되었다. 훈련지휘통제관은 매일 우리 집 마루에서 무전으로 교신했다. 수상한 간첩을 신고한 소년들은 친지들이다. 이준일, 이재곤의 신고를 받은 소대장은 마당의 종을 난타한다. 종소리에 집결한 예비군들이 M1소총과 탄알을 지급받고 뒷산 개인호로 뛰어나갔다. 상륙한 공비가 논밭 경계를 넘어 마을로 들어오는 것을 사전에 소탕하던 시나리오였다. 3월부터 마을 주변 산등성이는 헬기장과 도로가 신설되면서, 처음으로 헬기가 착륙하던 날이었다. 난생처음 한적한 시골마을에 착륙한 헬기를 향해 무작정 달려갔다. 정상에 도착하자, 소나무 가지가 휘어지도록 바람을 일으키던 헬기는 이륙하고 있었다. 그때는 헬기를 잠자리비행기라 불렀다. 치누크 헬리콥터는 '깨버럭지 비행기'라고 불렀다. 행사를 앞두고 무궁화 계급장의 제복도 처음 보았다. 무궁화 네 개의 계급장을 처음 보던 어린 시절 무궁화 네 개 총경 계급이 별보다 높은 줄로만 알았다.

시범 훈련을 보고 나서 뒷산에서 예비군훈련을 흉내 낸 진지 뺏기 전쟁놀이를 자주 하였다. 잠자리처럼 하늘을 날아가는 잠자리비행기도 타보고 싶었다. 단풍나무 씨앗은 헬기의 프로펠러 모양을 닮았다. 단풍나무 씨앗을 주워 모아 학교 2층 난간에서 날리며 헬기를 타고 싶은 욕망을 날려 보냈다.

꿈에 그리던 헬기를 탑승한 것은 경찰청장 수행비서 시절이었다. 헬기에 처음 탑승하던 날, 항공대의 헬기가 하늘로 두둥실 떠올랐다. 250킬로 속도로 상공을 운항하는 헬기는 전북 지역 어디든지 30분 이내에 도착하였다. 헬기 탑승 120시간은 두려움과 흥분으로 산과 바다를 조망하였다. 지리산과 덕유산자락부터 마이산, 장안산, 내장산, 선운산과 황금의 김제 들판은 수채화같이 아름답다. 먼바다 어청도와 선유도의 망주봉, 위도상공에서 바라보는 새만금부터 칠산 앞바다까지 서해안도 아름답다. 인위적인 남고산성과 모양산성까지 눈을 감아도 떠오르는 고향산천을 공중에서 조망하던 기회였다.

오토바이 사고보다 헬기 사고가 치명적인 인적 피해를 초래하기 때문에 항상 긴장된다던 항공대장의 말이 떠오른다. 1992년 2월, 육군 군단장 등 10명이 탑승한 UH헬기가 추락하여 7명이 사망한 사고가 있었다. 상공을 비행하는 헬기는 기온 차이에 민감하고, 이착륙 때에는 더욱 긴장하게 된다. 그해 기을, 남원 순시에 동승한 헬기는 항공대를 이륙하여 250킬로 속도계를 바라보던 순간이었다. 슬치재 상공에서 '펑!' 소리와 함께 피비린내가 진동하였다. 헬기의 기체가 상하로 급격히 요동쳤다. '헬기의 공중사고는 죽음이다.'라는 실제 상황이었다. 황금 들판에 헬기 추락과 함께 화염에 휩싸이는 폭발 영상이 주마등처럼 스쳐갔다. 완산칠봉 위로 떠다니는 헬기를 보며 베란다에서 손을 흔들던 가족들이 떠올랐다. 헬기만 보면 우리 아빠 비행기라고 좋아하던 자녀들 얼굴이 아른거렸다.

'아! 저수지로 추락하면 폭발은 면할 터인데!' 하는 바람뿐이었다. 바로 헬멧 속에서 조종사의 무전이 들려왔다. 관제탑과 고도, 위치와 항로를 보고하면서 항로를 따라 속도를 줄이고 만인의총 광장에 비상착륙하였다. 사고기가 정비창으로 입고되면서, 대형 시코스키 7인승 헬기를 타보게 된 행운이 뒤따랐다.

다음해 장마철, 구이저수지 수로에서 물고기를 잡던 시민을 구하려고 내가 타보았던 500MD 헬기가 나섰다. 폭우에 고립된 사람이 물에 휩쓸리는 생생한 현장이 TV에 방송되었으나 구조를 포기했다. 악천후로 회항한 조종사에 대한 비난여론이 비등했다. 폭풍우 앞에는 종이처럼 날리는 작은 기체의 회항은 정당한 의사 결정이었다. 사고를 경험해 본 터라 헬기 추락 사고는 남의 일이 아니었다. 2008년 2월 20일, 강원도에서 응급환자 수송하던 군용 헬기가 악천후에 용문산 중턱에서 추락하였다. 군용헬기에서 산화한 군인 7명 중에는 둘째 딸 선배들이 희생되었다. 군인 가족을 둔 부모로 가슴 저린 사고였다.

도서 지역, 응급환자 구조와 경호경비 목적으로 설립된 해경항공대에 배치된 기종으로 500MD가 있다. 2015년 3월 13일, 목포해경소속 헬기가 맹장염 환자를 후송하려다 착륙 도중 추락했다. 500MD는 탱크 킬러 공격용으로 미국에서 생산한 노후 헬기다. 작은 공간에서 이착륙이 용이하고, 전국 어디든지 빠른 시간에 도달하는 강점이 있지만 기상 악화 시, 안전 비행이 어려운 약점도 있다. 헬기 사고는 고가의 비행체는 물론, 숙련된 조종사와 함께한 동승자 피해와 막대한 경제적 손실까지 초래한다.

공군 1호기(대통령 초도순시 사용)헬기와 12대 대선후보(정주영. 김영삼)가 대통령 유세장 이동시 사용하던 헬기는 조종사 2명에 보조 엔진까지 장착된 대형 기종을 뒤따라 다녔다. 20명 내외가 탑승하는 헬리콥터가 대형버스 급이라면, 500MD는 5명이 탑승하는 소형차급이다. 응급환자를 안고 타야 할 만큼 비좁은 공격용 노후 헬기를 인명 구조용으로 사용하는 국가의 현실이었다. 섬이 많은 지역에 운항할 구조용 전용 헬기 대신 공격용 헬기 배치는 처음부터 위험했다.

가거도 선착장에서 횃불에 의존하여 착륙을 시도하던 그 순간 가슴 조였을 탑승자들의 긴장감이 느껴진다. 추락 순간 가족을 떠올리다 산화한 고인들의 명복을 빌 뿐이다. 꽃 피는 봄이 왔건만 아직도 차가운 바다 밑에 잠긴 사체를 못 찾은 유가족의 고통이 전해졌다. 순직한 실종자의 영혼이 머무는 애통한 남도 바닷속, 타들어가는 유가족의 슬픔에 위로의 뜻을 전하고 싶다.

잠자리처럼 자유롭게 날아다닐 비행기가 개발되어 사고 없는 세상에서 살고 싶다.

까치 이야기

까치가 무서운 새라는 인식은 어린 시절에 까치의 공격을 당한 뒤다. 유명무실하던 주민등록법이 정비된 것은 청와대를 습격한 북한 특수부대간첩 김신조 일당의 침입에서 비롯되었다. 주민등록법이 강화 되기 전 1968년 베이비붐 세대의 나이가 들쭉날쭉한 이유가 여기에 있다. 나의 출생년도는 1958년생이지만, 초등학교 학적부는 1957년생으로 기록되었고, 주민등록 번호는 1959년생으로 되었다. 집안 동생 준도는 1959년생이지만, 주민등록은 1957년으로 올려졌다.

양지바른 대나무 숲을 경계로, 준도의 집과 우리 집은 남향을 바라보는 이웃 간이다. 흙장난 도구로 주변에서 주워온 깨진 그릇 조각과 꽃과 풀들이 소꿉놀이 재료였다. 소꿉놀이하던 누이들이 학교에 가면, 그곳은 두 꼬맹이들의 놀이터가 되었다. 코흘리개 둘의 바지는 고추 부분부터 항문 부위까지 잘라낸 잠뱅이였다. 앉으면 앉은 대로, 서서는 다리만 벌리면 대소변을 보던 편리한 옷이었다. 이때문이었을까? 준도는 일곱 살, 나는 여덟 살까지 오줌을 못 가렸고, 오줌 싼 벌칙은 아침부터 시작되었다. 오줌 싼 날이면 키를 쓰고 깨진 바가지를 들고 양가를 오가며, 소금을 얻어 오라고 했다. 소금을 달라고 내민 바가지는 항상 박살이 났다. 오줌을 싸고 당하던 벌칙을 알게 되어 안 가려고 하였다.

그러자 소금이 금소로, 찰밥이 살미로, 심지어는 칡소가 낳은 금송아지로 바뀌어 갔다. 오줌싸개 두 아이의 소꿉놀이에서 아빠 역할은 서로가 탐내는 주연이었다. 아빠 역할을 하고 싶어 하던 준도를 나는 자주 쥐어박았다. 몇 차례 맞던 준도가 화가 났는지, 자기 집 마루 밑에 있던 낫을 가져와 내 이마를 찍었다. 지금도 남아 있는 이마의 상처에서 피가 눈을 뜨기 어렵도록 흘러내렸다. 치료라고 해봤자 갑오징어 뼈를 갈아 붙이던 지혈이 전부였다.

낫 사건으로 대장은 준도에게 넘어갔다. 칡뿌리와 띠뿌리를 캐자던 준도는 호미를 가지고 앞장섰고, 호기를 부렸다. 흙도 먹을 수 있다며 흙과 모래도 입에 넣고 먹어 보였다. 눈까풀을 뒤집어 까고 걸어다니면서 담장과 길거리 호박을 발로 차고, 막대기를 박아 놓았다. 살아있는 동물을 보면 무조건 잡아 죽였다. 뱀을 발견하면 돌로 머리를 때려죽인 다음, 껍데기까지 벗겨 막대기에 걸어 놓았다. 죽은 뱀이 막대기에 걸린 모습에 놀란 사람을 보며 기뻐하였다.

초등학교에 입학해서 학교를 오갈 때 지름길인 농로에서도 개구리와 맹꽁이를 발견하기만 하면 때려 죽였다. 시누대로 개구리를 때리면 네 다리를 쭉 뻗고 죽었다. 똬리 튼 뱀과 엉켜 있는 뱀, 풀숲과 논으로 도망가던 뱀까지 보기만 하면 잡아 죽였다. 소리개와 노랑매 언덕을 지나오는 길에 하늘땡 주민 대여섯 가구가 쓰던 우물터가 있었다. 항상 물이 넘치던 우물물은 우리들의 오아시스였다. 하굣길에 엎드려 넘치는 우물물을 실컷 마셔댔다. 물배를 채우고 나서, 우물가에 붙어 있던 방죽에서 물방개와 소금쟁이를 잡아 우물물에 넣었다. 다음날에 가보면 없어지던 물방게와 소금쟁이 대신 고무신으로 잡아온 송사리와 개구리까지 우물물에 넣었다. 그렇게 넣어둔 움직이던 생물은 다음날에 가보면 어김없이 사라졌다. 우물물에 대한 화풀이로 죽인 뱀. 개구리를 던져 넣고 오줌까지 쌌다. 우리들의 비행은 목격한 마을 주민들에게 쫓기는 신세가 되어, 오아시스였던 우물터 길을 피해 나녔다.

하굣길 관심사는 '누가 더 힘이 센가?'였다. 코흘리개들의 대화 소재는 항상 이김질이었다. 학교에 익숙해지던 5월경 준도에게 지지 않으려고 자랑을 했다. "우리 외할머니 집에는 사탕이 많다. 외갓집에 가는 길에 기차도 있다."는 말에 준도의 입이 딱 벌어졌다. 이때부터 준도는 외갓집에 가보자며 자꾸 졸랐다. 사탕을 먹고 싶어 하던 준도를 데리고 아버지 따라 갔던 외가를 향하였다. 학교 수업을 마치고, 앞가슴 손수건에 코를 닦으며 왕복 30리 길을 걸어갔다. 일본인이 막은 삼양사 염전을 가로지른 방파제를 지나가는 심원면 고전마을이다. 사방 십 리가 넘는 광대한 염전에서 생산되는 소금을 운반하는 협궤 열차를 그때는 '가시롱차'라고 불렀다. 기차를 본 적이 없던 우리는 협궤열차를 기차라고 불렀다. 오금이 저리도록 높은 수문통을 지날 무렵 '가시롱차'는 수레를 달고 철로 위에 나타났다. 달그닥거리던 기차를 열심히 따라갔다. 어깨에 가로 맨 책보의 나무 필통 속 연필이 자지러지지는 소리를 냈다. 숨이 막힐 듯 지친 우리는 주저앉았다. 기차가 사라진 평평한 철로를 따라 손잡고 거닐던 길은 가도 가도 끝이 보이지 않았던 머나먼 길이었다.

염전에서 울리던 오포 소리를 듣고, 발걸음은 자꾸만 느려져 갔다. 허기에 지쳐 외갓집에 도착하니, 외손자를 본 외할머니가 깜짝 반가워하셨다. 누구랑 같이 오느냐는 물음에 둘은 고개만 저었다. 왜 왔냐고 되묻는 말에 준도가 대답했다. "눈깔사탕을 먹고 싶어서." 깔깔 웃으시며 내어준 보리밥으로 허기를 때운 뒤 방안을 두리번거렸다. 외할머니는 선반 소쿠리에서 눈깔사탕을 두 개씩 꺼내 주셨다. 집에서 기다릴 엄마 걱정에 할머니는, 해찰 말고 빨리 가라고 등을 밀었다. 사탕을 입에 넣어 말도 못한 채 꾸벅 절하고 집을 나왔다.

학교에서 사라진 두 사람 때문에 동네방네 난리법석이었다. 전화는커녕 호롱불을 피우던 시절이었다. "문둥이가 아이들의 간을 먹으려고 잡아 간다."던 유언비어가 난무하던 1960년대였다. 3대 독자 준도의 실종 소식은 20명이 넘던 마을 친구 누구도 알지 못했다. 준도와 나는 가족들이 찾아 나선 줄은 생각도 못했다. 말썽을 부린 우물과 방죽, 논두렁, 밭고랑, 산속, 저수지와 둑으로 헤매며 두 집안이 난리가 난 줄도 몰랐다. 끝없이 이어진 염전에서 처음 보던 물자새(물레방아)를 넋을 놓고 바라보았다. 양수펌프장에서 울리는 커다란 기계 소리는 걸음을 멈추게 하였다. 하얀 물줄기가 폭포처럼 쏟아지던 양수장 수로에서 유유히 헤엄치는 물고기를 바라보았다. 커다란 눈깔사탕 두 개도 어느 틈에 녹아 사라졌다. 염전과 학교를 거쳐 마을로 들어서자 해는 서산에 걸렸다. 되돌아온 아이들을 마을 사람들은 기쁨 반 노여움 반으로 맞이했다. 때리지 말라던 이구동성에 영문도 모르고 개선장군처럼 집에 갔다.

개구장이들의 사고는 계속 이어졌다. 뒷골 밭 언저리 소나무 가지에 오래된 까치집이 있었다. 높은 가지 끝부분 까치둥지는 아무도 건드릴 수 없던 곳이었다. 다람쥐라 부르던 준도는 까치 알을 꺼내서 구워 먹자고 성냥곽 옆구리를 찢어, 성냥개비까지 챙겼다. 소나무 밑둥에서 엎드린 내 등을 타고 다람쥐처럼 준도가 나무를 탔다. 소나무 가지를 철봉처럼 잡은 다음 아래 가지를 발판 삼아 새집에 다가갔다. 흔들리는 가지를 왼손으로 잡은 다음, 오른손을 뻗어 둥지에서 알을 꺼내 주머니에 넣었다. "떼까, 떼까, 떼까" 몇 마리의 까치 무리가 나무 위를 선회하였다. 두 번째 알을 꺼내려 하자, 흥분한 까치들이 공격을 시작하였다. "아야!" 하는 비명소리와 함께 까치둥지와 새알이 밑으로 쏟아졌다. 설상가상이라더니 밟았던 마른 가지가 "딱" 소리와 함께 쾅! 하고 땅에 떨어지면서 부러졌다. 엄마를 부르던 준도가 공중에 한 손으로 잡은 가지가 휘어지고 있었다. 겁에 질린 준도의 외마디와 둥지가 파괴된 까치 울음소리에 불길한 공포감이 엄습하였다. 바둥거리던 준도를 보노라니 몸이 떨리지만, 한참 동안 소리조차 낼 수 없었다. 초조하던 시간이 흘러갈 때 “준도야, 힘내!” 하고 소리를 쳤다. 요동치며 늘어진 가지를 두 손으로 잡았다. 조금씩 팔을 옮기더니 줄기에 다다른 준도는 가지에 걸터앉았다. 한참 동안 호흡을 하던 그는 발과 팔로 나무를 안은 자세로 주르르 미끄러지듯 내려왔다. 땅에 내려선 앞가슴 옷은 너덜너덜했고, 뚜껑이 벗겨진 채 달린 양철 단추는 반쪽이었다. 주머니 안에서 깨진 까치 알 액체가 흘러나왔다. 둥지가 사라진 관목 주변을 선회하던 까치의 공포스러운 소리를 피해 도망 나왔다.

그날 밤 밥상에서 “우리 밭 소나무 위에 까치가 이사 간 것 같다. 어떤 놈들이 그 높은 까치집을 부숴 버렸는지 모르겠다.”고 아쉬워하신 아버지의 말을 들었다. 준도와 둘이서 저지른 일은 돌아가신 선친에게 끝까지 말 못 한 비밀이었다.

꽃은 멀리 볼수록 아름답다

손녀는 우리 집에 피는 웃음꽃이다. 거실에서 바라다 보이는 매화봉 아래 과수원에 매화꽃이 만발한 아침이었다. 매화가 아름답다던 아내는 세 살도 채 안 된 손녀에게 손으로 가리켰다. 손녀는 아무 말도 없이 장난감을 가지고 놀고 있었다. 해가 쨍쨍하게 올라오면서 꽃은 더욱 활짝 피었다. 베란다에서 꽃에 물을 주던 손녀가, 과수원을 바라보던 손녀가 솜사탕같이 꽃이 피었다고 말했다.

딸과 손녀가 떠나간 빈자리는 항상 허전하다. 우리 집의 베란다에서 바라보이는 모악산 자락이 선명하게 다가오던 오후였다. 한사코 소파에 누운 나는 등산하자는 아내를 따라나섰다. 마당처럼 드나드는 등산 목표는 항상 완산칠봉이다. 첫 번째 봉우리 도화봉부터 시작하였다. 매화봉을 지나 금사봉, 모란봉, 선인봉, 검무봉을 지나면 장군봉이다. 장군봉 정상 팔각정은 보수를 위해 거푸집이 둘러쳐져 접근이 어려웠다. 천천히 계단 아래로 내려가는 길에 작은 중장비 한

대가 놓여 있었다. 새 봄이 가기 전 준공 시기가 잡혀있다. 완산칠봉 자락에는 비구니의 도량인 정혜사와 칠성사가 있다. 장군봉 아래 북향의 칠성사는 침엽수림 전나무가 빽빽했다. 하늘을 찌를 듯 자란 나무들 사이에 태풍에 쓰러진 그루터기가 그들의 뿌리 터를 보여준다.

큰 나무가 사라진 투구봉이었다. 양지바른 투구봉 자락은 예전과 달리 봄꽃이 만발하는 아름다운 동산으로 조성되었다. 봄꽃이 만개한 투구봉에 손녀와 함께 들렀었다. 예쁜 꽃과 강아지를 졸졸 따라다니던 손녀였다.

월요일 새벽 딸은 중국 출장을 떠나갔다. 어린이집을 향하던 천변길 옆 홍산교 앞에 정차하였다. 노란색 반달 모양과 하늘색 아치를 바라보다가 뭐냐고 물었다. 아내가 밤에 불이 켜지는 아치형 다리라고 설명하자마자 "신기하다."라며 감탄하였다. 완산 칠봉 숲속에는 생활체조 광장이 만들어져 있다. 나목들이 새 옷으로 단장하는 봄이다.

손녀가 떠나고 나면 아내는 남아 있는 모든 장남감과 눈에 보이는 모든 것들이 쓸쓸하다고 한다. 어느 틈에 완산칠봉 아래 썩은 나무 계단이 모두 데크 계단으로 교체되어 있었다. 낙엽송 사이에 고고하게 서 있던 소나무들도 재선충에 죽어가면서 드문드문 남아 있다. 옥녀봉의 경사면 데크 주변 산죽이 봄바람에 사각거렸다. 입구에 표시된 이정표가 전주 둘레길을 알려준다. 처녀 총각시절부터 지난봄까지 무심하게 오르내렸던 봉우리였다. 데이트 길이었고 자녀들과 함께 나서던 소풍길이었다. 건강을 위해 뛰어다녔고 고민을 떨치기 위해 오르던 산이요, 산악자전거와 오토바이에 자녀들을 태우고 오르며 익숙해진 산길이었다.

봄이면 투구봉과 곤지봉 자락에 만개한 철쭉과 진달래 왕벚꽃이 그리운 동산이다. 시험을 준비하던 아이들을 완산도서관에 태워다 주던 때도 있었다. 여름이면 녹음과 매미의 합창도 즐거웠다. 청솔모가 쫓던 꿩과 뻐꾸기 소리도 사라졌다. 가을이면 무학봉에서 용두봉 사이의 단풍이 아름다운 오솔길을 홀로 걸어가거나 금송아지바위에 올라앉아 있을 때 행복하였다. 무작정 빨리 오가던 길을 이제는 천천히 걸을 수밖에 없다. 큰눈이 내리던 날 등산을 하던 때가 마냥 좋았다.

무학봉 정상에서 하산을 시작했다. 작은 산길로 오토바이에 아이들을 태우고 오르다가 뒤집어졌던 길목에 다다랐다. 가지 않은 길에 대한 호기심 때문에 자녀들의 연한 살이 연통에 데어 화상까지 입었던 젊은 시절이 떠올랐다. 숲속의 미로 같았던 인생길이었다. 오래된 분묘와 비석이 있는 왼쪽 묘역으로 내려가다가 고관대작의 죽음을 기념하는 누군가의 글귀를 보았다. 그 옆 기단만 보이는 흙속에 깨진 상태로 눕혀진 비석에 새겨진 명문이다.

“대왕 사십 년” 작은 봉분 주인공이 돌아간 해인가 보다. 무덤을 내려오면서 묘목은 막내가 태어나던 30년 전에 심어진 것임을 기억해 냈다. 아름드리로 자란 소나무를 바라보면서 정혜사 옆길로 빠져나왔다. 집안으로 돌아와 베란다에서 바라본 완산칠봉은 산벚꽃이 파스텔화처럼 보였다. 떠나간 딸이나 손녀도 꽃이다. 꽃은 멀리 볼수록 아름답다.

4. 세 권의 책

군인 아파트에서

최순실 농단으로 얼룩진 정유년 한 해가 저물어간다. 수백억 원의 돈을 물 쓰듯 했던 그들과는 달리 자린고비처럼 살아온 우리 집에서는 꿈도 못 꾸던 이야기다. 단돈 몇 백 원을 아끼는 가족에게는 슬픈 이야기다. 올 여름 우리 집에서는 35년 된 양은 냄비를 버렸다. 같은 단지의 누이가 집에 와서 허름한 냄비를 발견하고, 고물 같은 냄비를 버리라고 말했다. 냄비는 아내가 자취할 때부터 쓰던 추억 서린 식기였다. 사람은 누구에게나 추억이 남아 있다. 옹색하던 시기에 처제와 자취생활을 기억하고자 남겨 놓았다는 것이 아내의 변명이었다. 노란색이 탈색된 냄비와 양푼은 누가 보아도 버려야 할 그릇이었다. 환경 호르몬이 나온다는 누이의 말을 듣고 버리게 되었다.

12월 중순 조카와 언니를 데리고 오라던 둘째 딸이 사는 대전에 갔다. 저녁 외식을 마치고 군인 아파트로 들어갔다. 콘센트에 핸드폰 충전기를 끼우던 순간 큰딸 청아가 말하였다. “아빠, 충전은 외부 식당에서 해야지 집에서 하는 것이 아니야."라고 웃으면서 말하였다. 집주인 둘째 딸이 정색하고 대답했다. 집안 전기는 단가가 비싸고 사업용 음식점 전기 단가가 싸다고 변명했다. 무더위에도 전기를 절약해 여름철에도 요금은 2만 원을 넘기지 않는다고 자랑하였다. 휴대폰 충전 전기 소요량은 미미한 금액이다. 절약하는 아내의 DNA를 닮은 딸을 보면서 할 말을 잃었다.

어린 조카의 목욕을 위해 욕조 물을 받으려 하자 욕조의 고무마개가 닳아서 수돗물이 빠진다고 걱정을 했다. 500원짜리 고무마개를 사기 위해 아파트 상가 철물점에 갔다. 아빠의 말과 달리 500원이 넘으면 그냥 오겠다던 딸은 1,700원이라는 말에 되돌아 나왔다. 아파트 관리소에서 지급하는 소모품인데 불필요한 지출을 하지 않는다는 대답이었다. 아빠가 사준다는 제안을 거절한 둘째 고집에 세 사람은 웃고 말았다. 웃는 가족에게 정색하던 둘째의 변화된 의식이 놀라웠다.

정치가의 꿈을 버리게 한 것은 좋은 결정이었다. 정치인들은 입만 열면 거짓투성이들이다. 제복이 멋져서 사관학교를 진학한 둘째의 의식의 변화는 상상하지 못할 정도로 바뀌어 있었다. 대한민국 사관학교 교육은 한 사람의 인생관을 바뀌게 하였다. 생도의 절약 정신은 직업 군인이 되어서도 실천하고 있었다. 의식까지 세탁한 사관학교의 교육과정에 항상 감사하다.

죽마지우

염천에 삶의 끈을 부여잡고 간암 투병생활을 하던 죽마지우의 부음을 받았다. 싱의는 표했지만, 문병 한 번 가지 못해 항상 마음이 걸렸다. 때때로 찾아가 병문안과 병원비를 지원해준 준길 형에게 근황을 듣고 있었다. 항상 서울에 갔다가 하향길에 친구가 살았던 화양리 방향만 바라보았다. 그는 초등학교 시절 주산 실력이 최고였던 친구였다. 마을 초입에서 가게를 하던 친구의 계산 능력은 타의 추종을 불허했다. 그는 중학생 입학부터 졸업 때까지 교무실에서 시험성적 총점과 평균을 내는 일을 대부분 처리하였다. 주산 2단 실력은 10만 단위, 15개 숫자를 한번 훑어 보면 답이 나온다. 컴퓨터 입력시간보다 빠른 연산능력이 세자리 수도 안 되는 60명의 시험성적 계산은 식은 죽 먹기였다. 고등학교 졸업만 하면, 1970년대 최고직장 은행원이 따 놓은 당상이었다.

그러한 친구가 중학교 졸업 후 고등학교 진학을 하지 못했다. 상경했던 친구는 재단사가 되었다. 가죽제품 재단과 수출로 자리 잡을 무렵이었다. 미국 수출 선적한 가죽제품 컨테이너가 되돌아오면서 빚더미에 올라섰다. 되돌아온 가죽제품을 전주의 마트 매장까지 와서 팔았다. 팔고 남은 무스탕 한 벌을 선물로 받아 입었다. 희망의 끈을 버리지 못한 친구는 술로 세월을 이겨내었다. 어린이 대공원에서 치른 두업 친구의 결혼식장에 아들을 데리고 나왔다.

적은 용돈을 넙죽 받던 친구 아들은 "고맙습니다." 하고 인사했다. 오랜만에 만난 초등학교 동창들과 그는 술에 취해 갔다. "아빠, 집에 가자."고 조르던 아들과 친구를 태우고 화양리 집에 들렀다. 네 식구가 살던 단출한 주택에서 반겨주던 제수씨를 처음 보았다. 그들과 두 번째 대면이 장례식장이었다. 어리던 아들은 장교로 제대하여 취직되어 있었다. 같은 마을에서 자란 죽마지우이지만, 그는 고향 친구들 모임에서도 나를 형이라고 불렀다. 그와 함께 주산을 배운 친구들은 공무원이나 기업에서 근무하였다.

주산을 가르쳤던 은사님을 우연히 길에서 만난 적이 있었다. 선생님께서는 만나자마자 범수 근황부터 물었다. 은사님께서는 친구의 상고 입학을 강력하게 권했다. 그러나 가정환경 때문에 진학을 포기했던 것이다. 시골 초등학교 천여 명의 학생 중 주산 과외를 받았던 친구는 열 명 내외였다. 그동안 금융기관과 공무원에 재직하면서도 고인이 된 그보다 빠른 연산능력을 가진 사람을 보지 못했다. 그는 고등학교 졸업장만 받았어도 은행원이 되어 살아갈 친구였다.

친구들이 영정 앞에서 모두 안타까워하였다. 귀향길 막차를 예매한 나를 태워준 영수 친구도 주산을 같이 했던 친구였다. 친구와 나는 집으로 돌아왔으나 그는 영안실에서 화장터로 실려 나간다. 날이 밝으면 천상여행길로 떠날 죽마지우의 얼굴이 선명하게 떠올랐다. 지상에서 못다 이룬 꿈, 천상에서 이루시게.

세 권의 책

한국을 대표하는 전주독서클럽, 823차 리더스 주회에 참석하였다. 토요일 새벽 토론 선정 도서를 참석자들이 한 권씩 가져 오라고 했다. 십여 차례 이사 중에도 버리지 못한 빛바랜 세 권의 책을 만지작거렸다. 《무쇠탈》, 《한국고전문학(2)》, 《조선 교회사 서론》 어느 한 권만 들고 가기에는 아쉬움이 밀려왔다. 《무쇠탈》은 〈청춘예찬〉 이란 제목으로 국어 교과서에 실린 민태원 수필가가 번안한 소설책이다. 고등학생이 되면서 작가의 필명이 '우보'라는 것도 알았다. 처음 읽은 소설책은 1920년대 동아일보에 연재되었던 베스트셀러였다. 책이 얼마나 재미있었던지 밤새워 읽다가 졸도한 책이다. 《한국고전문학(2)》는 1973년도 중학생 때, 고전읽기 대회 출전 도서였다. 《흥부전》, 《전우치전》, 《박문수전》, 《임진록》 등이 수록된 책값이 상당했다. 20리 버스 통학비가 20원 하던 시절에 돈을 모아 320원 에누리 없이 샀던 책이기도 하다. 책 표지에 "조상의 얼을 되살려 민족중흥의 일꾼이 될

참된 국민의 교양을 위한 고전읽기대회는 문교부, 문화공보부의 지원으로 비영리 교육단체인 한국자유교육협회가 전개하고 있습니다."라는 글귀가 새롭다. 45년 전 고전읽기대회에 같이 참가하였던 중학교 대표 친구 김영용, 이광연, 이내규, 이준구, 김우순, 박양례 이름과 교복 입은 사진이 있다.

《조선 교회사 서론》은 1593년부터 1871년까지 조선교회의 역사를, 프랑스인 신부가 기록한 보고서였다. 책을 쓰던 99일 동안 담배와 술을 삼가면서 어머님께 헌정한 보고서 형태의 역사책이다. 사제의 안목으로 바라본 150년 전, 조선의 자연과 지리, 역사, 조선왕조의 정부조직과 언어, 여성의 지위와 가족, 종교와 국민성향, 오락과 주택, 학술분야까지 꼼꼼하게 기록한 책이다. 대학시절 여름방학 과제로 읽었다. 리포트를 부탁하며 풋풋하게 데이트하던 아내와 조선시대로 들어가 보았던 추억이 서린 세 권의 책은 애장한 도서이다. 독서 습관에 맛들인 것은 이 책들에서 얻었던 영감 덕이 크다.

《무쇠탈》 책을 보면서 소설가가 되겠다고 다짐하였다. 고전읽기 책을 보면서 역사에 대한 흥미를 가지게 되었고 사회와 국사 세계사에 흥미를 느꼈다. 《조선 교회사 서론》은 교회의 역사가 아닌 한 나라의 정치, 경제 사회, 문화에 대한 신부님의 학문적 접근에 감동받은 책이다. 어쩌면 만학도로 공부하면서 《조선 교회사 서론》이 논문과 과제를 쓰는 데에 롤 모델이 된 책이기도 하다.

독서 클럽 토론회에서 알게 된 한 작가는 내가 발표했던 《이반 데

니소비치 수용소의 하루》 소감을 정리하였다. 책은 읽을 때마다 그 사람의 체험과 공감 지적 능력에 따라 감동은 달라진다. 고등학교 국어 선생님의 추천으로 그때 보았던 수용소의 하루 일과는 이해할 수 없던 내용이었다. 군 생활과 사회 생활과정에서 지켜보던 피의자와 죄인들을 만나게 되면서 저자였던 솔제니친 사색의 폭과 깊이도 알게 되었다.

내 꿈을 완성하기 위하여 독서 모임에 나선 지 4년이 되었다. 100명의 작가 속에 수필가로 지나온 삶을 정리해 보고 싶다. 100인이 참석한 100명 토론회에서 100명 작가 탄생을 희망하는 리더스 클럽 회원의 목표 달성 일원이 되고 싶다. 세 권의 책은 내 꿈을 지켜보는 장승이다.

여송연과 〈귀거래사〉

눈두덩이는 부어올랐고 멍이 든 얼굴에 코피가 흐르고 있었다. 파출소를 찾아온 노인은 여송연을 태우며 말했다. "세상이 말세다. 빨리 범인을 잡아주세요."라며 말을 시작하였다. 오목대 아래쪽 주막에서 얼큰해진 노신사가 풍남동 방향으로 걷다가 전주 남중학교와 전주여상 앞 사거리에서 벌어진 사건이었다. "여봐, 형씨. 담뱃불 좀 주시오." 젊은 학생들이 먼저 시비를 걸자, 여송연을 피우며 걷던 노신사가 호통을 쳤다고 했다.

"이런, 이마에 피도 안 마른 놈들이." 말이 끝나자마자 학생들이 갑자기 달려들어 폭행을 당한 요지였다. 신고를 받자마자 노인을 오토바이에 태웠다. 학교 주변 오목대와 교동, 풍남동과 경원동, 전동 일대를 누비고 다니며 범인들을 찾아 나섰다. 얼큰한 상태에서 갑자기 당한 봉변이라 얼굴도 모르는 범인을 찾기에는 역부족이었다. 할 수 없이 신고자의 자택까지 모셔다 드렸다. 다음날 아침 노신사는 붓글

씨 한 점을 가져오셨다. 밤을 꼬박 새워 썼다는 도연명의 〈귀거래사〉였다. 〈귀거래사〉는 360자의 한자로 구성된 시로 술을 좋아해서 벼슬을 버리고 낙향한 중국의 시인이 쓴 시였다. 무릉도원 고향, 복숭아꽃 살구꽃 피던 고향을 그리던 한시였다.

한민족이 만나던 행사장에서 합창하던 〈고향의 봄〉 노래는 〈귀거래사〉와 내용이 비슷하다. 고향에 대한 그리움은 인간이 아닌 연어와 장어에서도 볼 수 있는 회귀본능인가 보다. 이산가족이 합창하면서 눈물을 흘리는 모습은 수구초심이 아닌가 싶다. 하물며 만물의 영장인 인간이 마음의 고향을 그리는 것은 인지상정이 아니겠는가.

30년 된 〈귀거래사〉는 버릴 수가 없었다. 술 취한 당일 밤 밤새 먹을 갈아 정성으로 써내려간 그분의 정성이 담겨 있기 때문이다. 서예란 고도의 정신적 집중과 육체적 고통을 이겨내야 완성되는 혼이 서린 육필이다. 작취미성昨醉未醒상태에서 정신을 집중한 노신사의 정성과 예술가의 힘과 혼이 담긴 두루마리 작품이었다.

〈귀거래사〉 작품 설명을 듣고 나서 학생들을 향해 분연하게 꾸짖었던 기개가 멋져 보여 막걸리 한 상을 대접하였다. 그분의 작품은 청와대와 향토사단에도 걸려 있다고 자랑했다. 해박한 법률지식을 가지고 서예를 하신 멋쟁이 신사는 송재 이석종 선생님이었다.

해 질 무렵이면 서산마루에 황혼이 진다. 들려오던 풍문에 그분은 오래전에 돌아가셨다고 한다. 인생 80이라면 60평생도 황혼기라 할 수 있다. 고향이 그리울 때 가지 못하는 그리움은 〈귀거래사〉로 대신한다.

토끼몰이

토끼를 안고 노는 손녀를 보니 토끼몰이가 생각난다. 설창이라는 내 고향 고창 해리에는 많은 눈이 내린다. 눈이 내릴 때면 전교생이 토끼몰이에 동원되었다. 내가 다녔던 동호초등학교의 동호는 겨울의 호수를 말한다.

학교의 뒤로 서해바다, 동북쪽은 줄포만 초입의 너른 갯벌을 막아 만든 삼양사 염전이다. 서남쪽 방축마을 가는 길목에는 봉화대가 있다. 바다와 평야에 가장 높은 봉화대는 인근에서 가장 높은 산으로 토끼와 노루가 뛰어놀던 산이었다. 토기몰이는 연례행사였다. 전교생이 줄을 지어 책보를 어깨에 동여매고 2킬로미터가 넘는 산으로 나서는 모양은 장관이었다. 처음 토끼를 몰아오는 중턱의 선발대는 고학년이고 산 아래는 저학년들이 "토끼야." 하고 소리치도록 학년 반별로 지정되었다. 대오를 지어 군대처럼 토끼가 다니던 길목에 쳐둔 그물로 몰아간다. 그물 주변에 대기하던 선생님들과 6학년 날쌘 학생들이 그물에 걸린 토끼를 잡을 때마다 환호성은 온 산에 메아리친다. 갈 때마다 도망간 토끼도 많았지만 잡힌 토끼도 여러 마리였다. 펄쩍 날듯 뛰던 흰 토끼와 쑥 토끼 몇 마리를 쭉 늘어진 채로 들어올리며, 만면에 웃음꽃 피우던 선생님들 옆에는 자기가 몰아 잡혔다고 말하던 학생들도 신이 났다.

추운 겨울 웅크리던 시골 학생들에게 토끼몰이는 호연지기를 키우던 체육행사가 아니겠는가? 토끼몰이의 순간에 토끼가 보이면 눈앞에서 사라질 때까지 소리치며 뛰게 된다. 흥분된 감정이 사라지면 땀이 식어가면서 추워졌다. 고무신에 들어온 눈이 녹아 발이 시려 저학년들은 우는 학생도 나타났다. 추위를 이기는 방법은 무작정 집까지 뛰는 것이 상책이었다. 학교에서 배운 토끼몰이는 마을의 앞뒷산에서도 시연되었다. 마을에서 토끼몰이 소리꾼은 초등학생들을 선호하였다. 소나무 사이로 잘 뛰어다니며 “토끼야.” 하고 지르는 소리가 크기 때문이었다.

마을 어른들이 남학생들을 불러모았다. 토끼를 잡으면 뽀빠이를 사준다는 말에 20여 명은 금세 모였다. 토끼몰이의 전략은 땅 위에 그리며 설명하였다. 그물 중간 관리자와 양끝 지킴이들은 몽둥이를 든 어른들이다. 토끼몰이가 시작되면 경험상 산 중턱에 토끼가 돌아다니는 곳에 듬섬듬성한 삼마이 그물을 쳤다. 그물 옆에는 날렵한 청년들이 몽둥이를 들고 보초를 섰다. 솟구재 중턱과 산 어귀 아래는 우리들이 맡았다. 새끼끈으로 고무신을 동여매고 뛰어다녔다. 고무신을 신고 달리다 보면 신발이 벗겨졌기 때문이다. 땔감이 절대 부족하던 시기에 잡풀까지 뜯고 갈퀴나무까지 연료로 사용하던 1960~70년대의 산자락은 고무신을 신고 뛰는 데에는 어려움이 없었다. 그러나 "토기야." 하고 소리치면 덤불이나 초분에서 나와 귀를 쫑긋 세우고 도망가는 토끼 따라 뛰다 보면 싸리나무를 베어낸 그루터기에 고무신이 찢기기도 하였다. 고무신이 찢어지든 말든 기름에 튀긴 뽀빠이의 맛이 최고였다. 고무신만 찢어진 것도 아니었다. 소나무 가지에 걸린 다우다 잠바에 스펀지가 보일 때도 있었다. 헝겊을 대고 꿰매준 옷과 신발이 흠이 되지 않았던 그때 토끼몰이 이야기는 스릴 넘치는 무용담이다.

토끼몰이에 동원될 때마다 많이 잡을 때는 열 마리도 넘게 잡았다. 뽀빠이가 처음 선을 뵈던 시기에 토끼가 죽어갔다. 토끼에게 미안하지만 그 시절이 그립다.

진도 가는 길

진도는 김과 전복, 울금 막걸리와 홍주, 병어와 갑오징어 등 먹거리가 떠오르는 보배로운 섬이다. 대통령을 자리에서 물러나게 한 팽목항을 꼭 한 번 보고 싶었다. 지인들과 함께 떠난 봄나들이 목적지는 팽목항이었다. 팽목항에는 진도항으로 개명된 푯말이 세워졌다. 4년 전 세월호가 침몰한 맹골수역은 사건을 잊어버린 듯 고요하고 잔잔했다. 세월호가 전복하던 날 우리 아파트 주민은 뉴스를 보다가 오토바이를 타고 팽목항 현장에 가서 인양된 주검을 보고 충격을 받아 식물인간 상태라는 사실을 뒤늦게 들었다.

방파제에 오르던 시간 때마침 진도항에 접안하던 여객선이 뱃고동을 울렸다. 100톤 내외의 여객선에는 20여 대 남짓한 차량이 실려 있었다. 6,000톤 세월호의 크기는 우리가 생각한 것보다 크다. 바닥과 난간에 새겨진 사연을 보면서 방파제를 따라 걷던 일행들의 얼굴에 웃음기가 사라졌다. 침몰하던 여객선에서 부르짖던 절규가 들려오는 것 같은 사연들이 새겨져 있었다. 갯바람에 실린 원혼들의 지친 목소리에 해진 노란 리본들이 소리 없이 나풀거리는 것도 슬퍼 보였다. 방파제 타일 하나하나에 새긴 글귀마다 가슴 저리게 하였다. 하늘나라로 가는 빨간 우체통 옆에 나부끼던 "별이 되어 빛나소서."란 리본이 눈에 확 들어왔다. 이유도 모른 채 죽어가던 자식 생각에 울부짖던 유족들의 마른 뺨에 흐르던 눈물처럼, 짭조름한 눈물이 소리 없이 흘러내렸다. 멍든 가슴처럼 하늘도 바닷물도 푸르렀다.

오찬은 예약해 둔 진도 읍내 음식점에서 젓갈정식에 떡갈비를 추가했다. 반주로 노란 울금막걸리를 마시다 보니 슬픔도 옅어졌다. 진도 예술회관에서 국악과 창무극을 관람하였다. 막걸리 기운을 빌려 무대 앞으로 나가 수백 명이 들어찬 공연장에서 도립국악원에서 배운 〈진도 아리랑〉 한 곡조를 불렀다. 남도 고수가 치던 박자에 따라 민요를 완창하였다. 관람객들과 일행들의 환호를 받고 나니 얼굴이 화끈거렸다. 사고 전 몇 차례 방문한지라 막걸리 기운을 빌려 버스 안에서 안내를 시작하였다.

동양화가 친구에게 들었던 진도의 운림산방과 걸출한 전략가 배중손, 이순신 장군의 전력도 공부한 만큼 이야기하였다. 몽고군에게 끝까지 항거했던 배중손의 항몽 정신이 성웅 이순신을 만든 배경이라는 나만의 사견도 제시하였다. 명량해전 배후지인 선소와 비림의 위치와 전라우수영의 수군이 마시던 우물터 인근에서 태어난 법정스님의 에피소드에 일행들의 반응이 상상 이상이었다. 전라 우수영 수군이 마시던 우물터 옆에는 법정스님의 집터가 있다. 한 걸음 더 깊이 들어가 길상사의 주인과 백석 시인의 애절한 사랑 이야기도 곁들였다. "천억 원의 재산이 사랑하던 백석의 시 한 줄만도 못하다."던 나타샤의 독백은 어쩌면 법정스님의 《무소유》라는 책에서 받은 영향이라는 소견에 동의하였다. 잃어버린 사랑에 홀로 지내던 선승 법정을 짝사랑한 길상화의 시주가 아니었을까? 호사가의 부질없던 호기심이 흥미를 유발시켰다. 선승 박제철의 출가 이유는 한국전쟁과 이루어질 수 없던 사랑으로 비화 시켰다.

수도자 생활로 유명 수녀님과 대놓고 만날 수 없었던 공인들의 애환도 대화의 소재가 되었다. 정신적 스승이 된 고귀한 사랑의 결실에 일행들 모두 감동하였다. 법정 스님은 죽음을 앞두고 자신이 쓴 저서의 출판을 중단시킨 진정한 이유를 모른다. 대원각의 변화는 한국정치사의 쓰레기통에 핀 장미꽃처럼 아름다운 변화였다. 길상화와 법정 사이에 형성된 무소유는 이심전심이 아니었을까 하는 사견으로 마무리하였다.

전라우수영 전망대에서 울돌목을 조망하였다. 울돌목에서 거슬러 오르는 보리숭어를 구경하던 나에게 건네주었던, 전복종패를 키우는 지인과 전화 목소리만 들었다. 진도명품 곱창김을 전망대 아래 토산품매점에서 구입했다. 세월호 선체가 목포로 옮겨지면서, 진도 관광객이 대폭 줄었다고 한다. 선체조사가 끝나면 진도항으로 세월호를 다시 옮기자는 여론이 비등하다고 한다. 목포시민은 이동비용을 고려, 현 위치에 전시하자는 여론이 대세라고 했다. 목포 신항으로 옮겨진 세월호 앞에서 사진을 찍다가 구설수에 오른 정치인들도 있었다. 사고 선박이 지역 소득에 기여할 것이라는 욕심에서 오는 다툼이었다.

세월이 흘렀건만 세월호의 비극은 남아 있었다. 옮겨 놓은 세월호를 차창에서 셔터를 누르니 실루엣으로 담겨졌다. 선거의 계절이 다가오고 있다. 6월 13일 지방자치단체장과 지방의원 그리고 국회의원 보궐선거에는 전에도 그랬던 것처럼 이룰 수 없는 빈 공약이 난무하리라.

문화해설사가 알려준 한마디가 내내 가슴을 멍하게 진동시킨다. 멍들어 빠졌다던 학생들의 손톱과 자는 듯 죽어간 학생들의 고운 얼굴이었다. 여행은 희로애락의 감정을 변덕스럽게 변화시키기도 한다. 못다 핀 청춘들이 떠오르는 슬픈 진도항은 다시 가지 않으련다.

학도노, 노도학學到老, 老到學

한국 미술의 근 · 현대화의 거장으로 김환기 박수근 이중섭을 꼽는다. 미술품 경매시장을 석권한 김환기 작품 뉴스를 보면서 친구가 생각났다. 그를 처음 만난 곳이 지금은 사라진 중앙청 경비대였다. 1978년 봄에 이화여고, 면접은 남대문 경찰서에서 보았고 논산 훈련소 8주간 교육 후에 더블 백을 메고 배치된 부대였다. 김환기 화가 이름은 치안본부 건물 아래에서 군화를 닦을 때 처음 들었다. 〈어디서 무엇이 되어 다시 만나랴〉 작품은 점 하나 하나를 보고픈 사람 얼굴을 생각하며 찍은 그림이라고 친구가 말했었다. 화가는 동경과 파리, 뉴욕에서 작품 활동을 하였고, 친구가 다니던 대학 교수였다고 했던 것 같다. 당시 부대의 위치는 치안본부 담장 안에 있었고, 숙소 내무반은 중앙청에 있어 경비근무지와 숙소를 오가던 시구문- 중앙청을 지나가는 길옆으로 화랑이 많았었다.

현대화랑, 공간, 프랑스 문화원, 등의 전시를 알리던 포스터를 설명하던 동갑내기 친구와는 선임과 졸병이었다. 면회객이 없던 졸병시절, 면회 왔다는 구내방송에 올 사람도 없는데……. 어리둥절하여 나간 매점에는 친구와 모친이 반겨주었다. 탁자에 펼쳐놓은 찬합에 불고기 찜이 가득했다. 밤 대추와 당근, 계란 지단으로 장식된 소불고기는 환상적인 맛이었다. 촌놈을 불러 고기까지 먹여준 고마운 친구였다.

그는 어린 시절부터 그림에 소질 있어 큰 상을 많이 받은 재원이었고, 동양화로 유명한 대학을 다니다 입대하여 만나게 된 사이다. 친구의 고향은 전라도 담양, 나는 인접한 고창이었다. 그림에 문외한이던 나에게, 동양화 거장 남농 허백련과 소치일가의 계보를 열심히 설명할 때 나는 이해할 수 없었다. 반백이 넘어서면서 진도 운림산방을 몇 번 다녀오면서 화가들의 진가를 알게 되었다.

친구는 선임에다 교련 혜택으로, 나보다 반년 이상을 빠르게 제대하였고 내가 근무하던 부안의 격포 수성당 초소까지 면회 왔던 전우였다. 그가 해외유학을 떠난 후에도 오랫동안 서신을 주고받았다. 그때 보내준 편지와 그림을 지금도 고이 간직하고 있다. 강의 차 내려온 그와 마시던 술은 달콤하였다. "인연이란 묘한 것이야, 공평아트센터의 전시관 건물 관리자가 셋째 매형이었어." "겸손하고 훌륭한 관장"이라며 '좋은 친구를 두어 부럽다.'던 셋째 매형의 칭찬에 어깨가 으쓱했었다.

친구에게 배운 제자들도 친구를 좋은 스승으로 평가하여 내가 대우를 받기도 한다. 그들과의 대화 과정에서 지나간 그리운 옛 시절이 떠오르기도 한다. 《미술세계》 편집 주간이었던 친구가 자랑스러워 월간지를 장기 구독하면서 군 시절의 추억이 서린 글과 삽화를 기다리던 애독자이기도 했다. 덕분에 미술에 대한 소양도 조금 넓혀진 계기가 되었다. 분당 지점장으로 발령받은 2009년, 관리하던 자금을 예치해 준 친구에게 감사하다는 인사도 못하고 퇴직한 지 10년이 되었다. 근자에 〈명작 스캔들〉 TV 프로 패널로 출연한 친구가 자랑스러웠다. 동양화에 대한 해박한 지식을 알기 쉽게 말하던 친구 목소리는 예전과 다름없이 순수한 목소리였다.

40년 전 대한민국의 심장부에서 우리가 지켜본 것이 역사였다. 10·26 사태의 연장선상에서 벌어진 12·12 군인들의 하극상을 두 눈으로 보았었다. 5·18에서 비롯된 서울의 100만이 넘었던 데모군중은 서울역부터 동대문까지 가득했다. 통일주최국민회의에서 10대 대통령 권한 대행으로 추대된 최규하, 박중훈, 12대 전두환 등 네 명의 대통령을 지근거리에서 보았다. 총에 맞은 대통령 때문에 긴장했던 세종로 네거리와 이어진 중앙청 장례식, 최규하 대통령의 하야 과정, 권력을 손에 쥔 장성들끼리 벌인 경회루 축하연도 보았다. 권한대행 축하기념 만찬장에서 터번을 쓴 아랍권 귀빈이 술에 취해 정현관에서 비틀거리던 모습도 충격이었다. 그들이 떠난 만찬장에서 양주를 처음 마시고 취해서 기합을 받았던 순간도 역사의 일부였다. 당시 부대 꼈던 용성, 길해, 친구와 시청 앞에서 만났었다. 인성이 좋았던 친구는 선후배 두루 많이 찾았지만 당시 내무반장이었던 이창수와 부대원들의 얼굴이 때때로 보고프기도 하다. 우리가 처음 만난 지도 40년을 넘어섰다. 자주 만나던 손종국 친구는 연말에 전주에 두 번 왔었다. 대전에서 친구와 길해랑 만나자던 약속을 지키지 못하고 홀연히 세상을 떠나갔다. 좋은 친구는 먼저 떠나갔어도, 총성으로 대통령이 되었던 사람은 떠나지 않고 반성도 없이 재판을 받고 있다.

전주가 낳은 부채의 명인 이기동 합죽선에 청풍명월을 그려준 친구의 우정이 사무치게 고맙다. '정情'이란 마음 심心에 푸를 청靑의 조합이다. 푸를 청은 날 생生과 붉을 단丹으로 구성되었다. 생生은 대지에 솟아나는 풀을 형상화하여 만들었다 하니 푸른색과 붉은색의 조화가 청靑이라고 한다. 나에게 그려준 청풍명월 그림이 우리 집 가보 1호다. 큰 딸 청아靑雅의 결혼 예물로 그려준 기러기 작품은 가장을 따르는 평화로운 가정을 희망하는 친구의 마음이 스며든 최고의 명작이라고 전달하였다.

'學到老, 老到學'은 '음양과 상생의 선묘세계'란 친구가 썼던 칼럼이다. 나 또한 "친구 따라 강남 간다."는 말처럼 평생 동안 용문을 통과하기 위한 발버둥 치며 살아온 세월이었다. 어느새 환갑이 지났건만 아직도 모르는 것이 너무나 많다. 추사 김정희를 키운 박제가는 일찍부터 제자의 능력을 알아본 스승이었다고 한다. 노무현 대통령이 현 대통령에게 영감을 준 것처럼, 친구는 미천한 나에게는 용문을 통과하도록 격려했던 멘토였다. 금융인이던 아버지와 형님을 둔 친구처럼 배움에 갈망하던 지난 세월이었다. 이제는 어디서 무엇이 되어 다시 만나는 것보다, 술잔을 부딪치던 지난날처럼 만나고 싶다.

이상동과 실낙원

유네스코 세계문화유산인 고창 고인돌은 고창지역 여러 곳에 산재된 유물이다. 고인돌 유적지는 대부분 배산임수의 터에 자리한다. 인천강을 바라보는 고인돌군과 안산과 이상산 앞으로 이어진 동호 바닷가, 줄포만을 바라보는 심원에도 고인돌은 밀집되어 있다.

어린 시절 마을 후등 산등성이 교차로에 있던 사라진 고인돌 이야기다. 음력 10월 스무날, 진눈깨비가 몰아치던 어느 해였다. 선산시제에 나선 어른들을 따라나섰다. 평야를 가로지른 들판에 몰아치는 해풍에 두루마기 자락이 휘날렸다. 제물을 짊어진 지게꾼들 걸음걸이가 휘청거리던 신작로였다. 작고하신 용기 형님의 등판에 바짝 엎드려 간 시제였다. 제사가 진행된 대실 선산에 마을 후등에서 본 고인돌이 지금도 남아 있다.

선산은 300여 년 전, 태조 이성계 영정을 모신 제각이 있어 지금도 대실이라 부르고 있다. 양지바른 선산의 고인돌에서 술래잡기를 했다. 나를 업고 귀여워해 주시던 형님들이 우리 집 마당에 우물물을 팠다. 삽과 도르래, 바구니와 물통으로 끌어올린 흙이 산더미처럼 쌓였다. 땅속 깊은 우물 구덩이 속에 형들의 머리만 까맣게 보였다. 지하수 물길이 터지자, 펌프 파이프를 묻고 인근 산과 바다에서 가져온 돌로 채워 나갔다. 밑 빠진 독처럼 돌은 끝없이 들어갔다. 그래도 부족하자 마지막으로 후등의 고인돌을 가져왔다. 갈라진 바위 틈새에 나무 쐐기를 박은 다음, 물을 부었다. 쇠망치와 정, 지렛대를 이용하여 고인돌이 해체되었다. 놀이터가 되었던 고인돌이 우물 터 안으로 옮겨진 것이다.

고인돌은 해안과 강가 주변에 분포된 고대 조상들의 문화가 담긴 유물이다. 중학생 시절 품었던 의문은 아직도 해결하지 못한 숙제로 남아있다. 선운산 머리에 해당하는 도솔암자 뒤편에 애기업은바위가 있다. 해리 사람들은 큰 바위를 '배맨바위'라고 부른다. 청소년 시절 영용 친구와 함께 배맨바위 아래로 암벽을 탐사했었다. 암벽에는 어패류 화석들이 촘촘하게 박혀 있었다. 해리海里와 '배맨바위' 전설의 일치를 확인한 순간 짜릿함을 잊을 수 없었다.

화석 발견과 고인돌은 대한 미련과 아쉬움은 가슴 한쪽에 남아있었다. 학창시절 바라보던 고인돌의 아스라한 추억을 생각하며 고인돌 군락지 이상동을 찾아갔다. 면소재지의 중학교 등굣길은 궁산 저수지로 유입되던 강가를 가로지른 연해다리를 건너다녔다. 연해連海의 뜻을 모르고 '연애戀愛다리'인 줄로만 알았던 사춘기 시절 봉긋하게 올라오던 연꽃 다리에서 연애하는 줄로 믿었다. 다리 건너 복고을(현재는 복동)은 고인돌 군락지로 '구장터, 쇠전등'이라는 옛 이름이 있다. 이상산 아래 구장터는 빨치산 토벌작전 당시, 시장 건물에 불을 질러 시장 기능이 사라진 장터로 알고 있다. 새로 조성된 시장터는 하련리와 남시동의 평지에 터 잡은 오래된 장터로 하련리 지명은 연못, 남시동은 구장터의 남쪽을 의미하는 지명이 붙은 삼양사 염전의 배후 시장이었다. 해방 전에 기관차가 가설된 동호와 구시포, 줄포 곰소, 법성포항 중간지역이라 물산이 풍부한 장터였다. 구장터 앞으로 흐르던 수로를 가로막은 궁산 저수지는 동호로 흘러가는 물길이다.

베산임수의 이상산 아래에 밀집된 50여 기의 고인돌을 세면서도 정확한 개수를 알 수 없어 지루했던 시절이었다. 이상동을 돌아서면 배맨바위와 중학교가 보였다. 그때마다 학교와 가까운 개울 건너 안산마을과 임해마을의 친구들이 부러웠다. 이십 리 길을 왕복하며 바라보던 임해臨海와 연해連海, 왕촌王村, 복동福洞, 이상동, 구장터, 안산 지명을 이해하면서도 찾아보지를 못했다. 연해다리를 건너, 복동(복고을)과 이상동, 안산 사이의 그 많았던 고인돌은 10여 기만 남아 있다.

고인돌 군락지는 고대와 현대를 이어주는 인생의 흔적이다. 고인돌은 영국의 스톤헨지, 태평양의 이스터섬의 거석, 페루의 잉카문명, 이집트의 피라미드까지 돌을 이용한 유적들이다. 고인돌은 무덤이라는 설, 병을 치료하던 병원이라는 설 등 분분하지만 구장터 옆에 있던 고인돌을 생각하면서 나는 시장터의 좌판이라는 생각을 했다.

예전 장터에는 좌판이 많았다. 엉뚱한 상상이지만 고대시장의 물물교환 시장에서 물건을 진열한 좌판대로 쓰지 않았을까 하는 나만의 발상이었다. 유네스코 문화재로 지정된 고창지방에는 고인돌이 여러 곳에 산재하지만 흔하던 고인돌의 사라져가던 모습이 아쉬워 사진기에 담았다. 혼자 고인돌을 탐사하던 현장으로 나이 드신 분이 걸어나오셨다. 통성명을 하다 보니 친구의 형님이자 선배였다. 사라진 고인돌은 도굴꾼과 토지주들의 이해가 맞아 중장비가 동원되어 땅속 깊이 매몰되었다고 한다.

이상동의 고인돌과 배맨바위 화석에 대한 연구논문을 검색하여 보았다. 고창 고인돌 군락과 배맨바위 관련 유의미한 자료를 찾지 못했다. 신비스럽게 바라보던 배맨바위와 이상동 고인돌은 미지의 숙제로 남아 있다. 임해마을과 연해다리도 이상동 앞을 가로지른 고가도로로 갈라놓았다. 고인돌이 사라진 구장터처럼 동문수학했던 친구들도 하나둘씩 사라져 간다. 묻혀진 고인돌처럼 친구들의 이름도 잊혀져 간다. 사라진 사람들이 모여들 실낙원은 내 맘속에 자리한 이상동이다.

상처에 뿌린 소금

위안부 합의에 대한 국내외 여론이 들끓는다. 친일파 지식인들은 숨죽이고 숨었다. 숨겨진 우리 가족의 상처에도 소금이 뿌려졌다. 일본 제국주의 탄광에서 일한 작은아버지 두 분과 일본제국의 소금공출 만행을 알리고 싶다. 어찌보면 제국주의 채탄장에서 석탄을 캐냈던 작은아버지들도 전범기업에 협조한 부역자였다.

한 분은 탄광이 무너져 부상당해 중도 귀국했으나, 둘째 작은아버지는 해방 후에 귀국하셨다.

해방으로 귀국하신 작은아버지는 노임은 고사하고 평생을 진폐증으로 고생하시다 돌아가셨다. 20대에 허리를 다친 셋째 작은아버지는 기골이 장대하셨다. 장신이었던 숙부는 총각 시절 막장 사고로 인해 평생을 구부정한 모습으로 살다 가셨다.

염전이 없던 시기에 소금은 금소가 되어 쌀보다 비싼 가격에 거래되었고 바닷가와 가까운 마을에서는 소금을 구워 파는 공장이 여러

개가 가동되었다고 한다. 전쟁 막바지에 농산물과 소금 공출로 쥐어 짜던 일제말기에 세금이 무서워 소금 생산을 포기한 헐값 공장을 빚을 내어 덜컥 인수한 아버지는 무학이었다. 많은 식솔이 덤벼들면 생계유지에 도움이 될 거라는 생각에 수지 타산을 거른, 젊은 가장이 결정한 잘못된 선택이었다. 값이 싼 이유를 덮어두고 빚을 얻어 산 공장은 소금 공출이 체납된 최악의 매물이었다. 비싼 소금까지 중과세하던 소금 생산은 바닷물을 증발시켜 만들던 소규모 가내 수공업이었다.

1940년 초 20대 아버지도 김제의 일본인 농장에서 농사일을 하던 머슴이었다. 거기서 모은 밑천으로 소금의 희소성을 알고 덜컥 인수한 소금공장은 공출에 응하지 않았던 전임 생산자가 세금제도를 모르던 아버지에게 넘긴 것이다. 대동아 전쟁 비용을 마련하려던 일제는 공출제도供出制度를 만들었다. 1차 산업 생산량 반절을 현물로 납부하던 제도를 모른 무지의 소치였다.

아버지는 싼 공장을 인수하자마자 생산량 공출에 응하지 않은 죄목으로 주재소 순사에게 끌려가셨다. 영문을 모르던 아버지가 거세게 반항한 결과 대나무 죽도로 맞아 초주검이 되었다. 당시 주재소 사환은 임신한 어머니에게 시체를 처리하라는 전갈을 했다. 부상당해 귀국한 숙부가 지게를 지고 달려간 파출소 마당에는 피를 흥건하게 흘린 사체가 거적으로 덮여 있었다고 한다. 장례를 치르려고 형님을 지게 바작에 지고 집에 돌아와 마루에 내려놓고 피를 닦아내자 신음소리가 났다고 한다. 공출 제도에 반발한 백성에 대한 즉결 체벌이 일상사로 벌어진 일제 치하였다. 바닷물을 끓여 생산한 소금은 변산 반도에서 운반해온 참나무 땔감을 가져온 선주들과 물물교환이 이루어졌다. 일제 자본가들이 간척지에 삼양사 염전을 만들기 전 일이다.

소금 생산 시설을 매각한 사람도, 아버지를 때린 순사도 조선인이었다. 조부모와 선친의 형제들은 몇 달 동안 생산한 소금 전량을 공출로 바쳐야 했다. 죽은 줄로 알았던 사람이 밀린 공출을 완납했다며, 순사들은 억지 춘향처럼 모범 납세자로 아버지를 추천하였다고 한다. 아버지는 부역자가 되었다. 이러한 사실도 모르고 전주세무서에 호출당하여 받은 상장과 포상이 방짜 유기그릇 1쌈이었다. 전투경찰대 지원 입대한 나의 경찰모장을 보고 질겁하던 작은 아버지의 표정에 황당했었다. 숙부가 경험한 젊은 시절의 강제 징용과 공출 당시의 트라우마 때문이었음을 이해한 것도 최근이었다. "그 많은 공무원 중에서 하필 경찰이냐? 인공 터지면 우리 모두 이젠 죽었다."던 독백이 신음처럼 들렸다.

자존심을 내팽개치고 덜컥 합의한 친일파의 매국행위는 위안부 합의였다. 가난과 무지한 백성들을 사지로 내몰았던 사람들은 대를 이어 호의호식하고 있다. 진폐증과 탄광사고를 당한 두 분의 삶은 청구권마저 소멸되었다. 젊은 시절 끌려가신 젊은 처녀들의 가슴에 새겨진 주홍글씨도 하나둘씩 사라진다. 위안부 합의는 그들의 상처에 뿌린 소금처럼 아리고 쓰리다.

바다가 육지라면

어머님에 대한 그리움과 의무감으로 요양원을 방문한다. 케어 부장이 전해주는 노모 근황은 항상 가슴을 아리게 한다. 단기 기억상실로 벌어지는 상황은 다양했다. 1주일 전에 보았던 막내아들, 한 달만 소식이 없어도 기다리는 사람은 막내딸이다. "막내아들 안 온 지 몇 달째다. 내 옷을 도둑맞았다."라는 말이 한두 번이 아니다. 수많은 세월 속에 켜켜이 쌓아둔 내리사랑과 소유 심리의 무서움을 느꼈다. 추석 전, 선산 벌초는 노모님께 알려드리는 중요한 소식이다. 추석이 가까워져 부친 벌초 소식도 전할 겸 황금 들녘도 보여드리고 싶었다. 선산으로 이장한 선친 묘소의 벌초가 30회를 넘겼다. 요양원에 노모님 외출을 예약한 터라 기다린 표정은 가을하늘처럼 맑아보였다.

요양원을 벗어나자마자 익어가는 호박을 보시고 벌써 가을이라고 반기신다. 도로 옆 논 가장자리로 기웃거리던 노란 벼 이삭이 바람결에 흔들린다. 한들거리는 코스모스길 따라 벽골제로 들어가는 들녘이 노릇노릇해졌다. 벽골제 광장은 지평선축제 준비로 분주한데, 광장에는 거대한 청룡이 꿈틀거리며 입에서 불을 뿜어내고 있었다. 청룡과 농악대의 협연을 보려고 차에서 내렸다. 농악을 좋아하시는 모친은 대보름날 마을농악대에 속해 있었다.

광장에서 벌어지는 농악대의 리허설은 모자를 위한 특별 공연 같았다. 청룡 입에서 뿜어져 나오는 화염과 농악대 행렬이 장관이었다. "참 잘한다. 참 잘한다."고 연신 칭찬하셨다. 연습이 끝나고 휴식하던 농악대원 대부분 6, 70대의 노인들로 보였다. 어떤 노인이 간식으로 받은 빵과 음료를 가져다 어머님께 드렸다.

점심 식사는 징게 멩게 너른 들판을 지나가는 심포항으로 정했다. 가던 길에 10년 전 왔던 길이라고 설명했으나 기억을 못 하셨다. 다만, 선친께서 만경 일본인 농장에서 일하셨다는 말만 반복하셨다. 포구로 가는 너른 벌판의 황금 들녘이 코스모스 길과 어울려 장관이었다. 코스모스도 바람 따라 모자를 반겨주는 듯했다.

새만금도로가 준공되면서 예전의 심포항은 흔적 없이 사라졌다. 선창은 바다 가운데로 확장되어 새로 조성되었다. 차량을 수변도로로 올려 천천히 돌아보았다. 군산비행장과 어은리, 옥구 회현과 대야가 한눈에 들어왔다. 상전벽해가 아닌, 바다는 호수로 변해 있었다. 물이 넘실거리던 포구가 호수로 변하여 이름 모를 수초가 촘촘히 들어섰다. 하구둑에 가로막힌 폐선 위에도 잡초가 자라났다. 정치망 옆에 서성이던 왜가리 한 마리가 노모처럼 처연해 보였다.

“얼마나 멀고 먼지 그리운 서울은 파도가 길을 막아 가고파도 못 갑니다. 바다가 육지라면 바다가 육지라면 배 떠난 부두에서 울고 있지 않을 것을. 아 아 바다가 육지라면 눈물은 없었을 것을…….”

누이들이 즐겨 부르던 노래 가사가 떠올라 흥얼거렸다.

사라진 횟집타운 제방에 남아 있는 조개구이집에 문을 열고 들어섰다. 먼저 온 손님들은 부축하던 모자 걸음걸이를 응시하였다. 주인집 아들인지, 30대 젊은이는 바구니 가득 조개를 가져왔다. 화롯불은 백발노인이 피웠고, 주방에는 구부정한 할머니가 반찬을 준비했다.

수산물을 좋아하시는 어머님은 연한 생합과 소라구이를 연신 드셨다. 나는 쫄깃한 피조개와 동죽, 대하구이가 더 좋았다. 꽃게장에 밥 한 그릇과 바지락 국물에 삶은 라면 사리까지 맛있게 드셨다. 후식 커피를 마시던 노모를 향해, 백발노인이 나이를 물으셨다. 94세라고 내가 대답하자, 살아계실 때 잘 모시라시던 눈길이 선해 보였다.

포구 어귀에서 새만금 수면과 해상 도로 수문을 바라보며 즐긴 오찬이었다. 코앞 망해사 절, 재건축을 위한 목재가 갯벌 속에 묻혀 있다. 바닷물에 절인 목재로 세워지는 건물은, 천년을 더하련만, 60년 인연의 모자는 떨어져서 살아간다.

‘바다가 육지라면 이별은 없었을 것’이라고 뜻 모르고 부르던 시절이 그립다. 바다가 육지가 되면 이별은 없으리라 외치던 노래 가사는 거짓이었다. 바다가 육지로 변하건만 모자간 이별이 성큼 다가옴을 느낀 날이다.

뉘를 고르다가

"쌀 1킬로그램이 사료용으로 200원에 판매된다."는 뉴스를 보았다. 편의점 500㎖ 물 한 병도 700원인데, 물보다 많은 부피와 양에 대한 가치 차이다. 대동강 물을 팔아먹은 봉이 김신딜이 환생한 세상이다. 식생활 변화로 쌀 소비가 줄어들고, 북한지원이 중단되어, 남아도는 쌀값의 현 주소다. 쌀 소비를 억제하고 혼분식을 장려하던 어려웠던 시절에 꿈도 못 꾸던 상황에서, 쌀막걸리 허용은 40년 전 쌀이 남아돌기 시작하던 때부터였다. 한국인의 전통주는, 원래 고두밥 쌀로 빚은 곡주였다. 쌀막걸리 허용 이전에는 학교에서는 도시락을 검사하던 때도 있었다. 이제는 쌀 소비가 줄어들고, 밀가루 소비만 늘어나는 추세이다. 북녘 동포들의 평생 소원 "이밥에 고기를 배부르게 먹어 보는 소박한 꿈"을 새터민들은 증언한다. 물보다 더 싼값의 쌀을 백두산 천지의 물과 교역한다면 누이 좋고 매부 좋을 텐데 말이다. 농촌에서는 벼 56kg 한 가마니를 단위로 공판에 부쳤다. 56kg 나락 두 가마를 한 섬이라 부른다. 경제 규모가 작았던 시기에는 학비

나 논밭 매매에도 쌀가마가 교환수단 기준이었다. 값비싼 송아지 판매가도 쌀가마니 수로 거래하던 때가 있었다.

일본의 한국침략도 따지고 보면 식량 수탈을 위한 침략 전쟁이었다. 군산, 인천, 목포, 여수 등 평야지대 항구를 이용, 쌀을 수탈하던 역사적 사실이 이를 증명한다. 일본어를 배우기 전에는 쌀을 실어 나르던 '구루마くるま'가 일본어인 줄 몰랐다. 신작로新作路, しんどう란 우마차로 쌀을 운반하기 위해 일제시대 개설했던 전군 도로에서 시작되었다는 것을 선친에게 들었던 기억이 난다. 반백년 전까지도 우마차는 무거운 짐을 나르던 대중교통 수단이었다. 20여 개의 가마니를 실은 우마차는 소의 등골을 휘게 하였다. 1톤이 넘는 가마니가 버거워, 큰 눈을 껌벅이던 황소의 눈동자에는 핏줄이 서려 있었다. 침을 흘리며, 가쁜 숨을 몰아쉬던 황소의 멍에 주변 터럭은 땀에 젖어 김이 모락모락 피어올랐다.

지금처럼 쌀이 흔하지 않았던 시절에 가마니에서 흘러나오던 낟알도 주워 담았다. 한 톨의 벼도 소중하게 여기던 시절이 엊그제 같다. 정미소에서 도정한 쌀에 섞인 쭉정이 벼를 '뉘'라 부른다. "뉘"의 어원語原은 어디에서 시작되었는지 알 수 없다. 네덜란드, 러시아에서도 쌀의 쭉정이를 "뉘"라고 부르는 단어가 있다. 10분도로 도정한 쌀을 백미라 부르지만, 7분도로 도정한 현미는 쌀톨이 누르스름하다. 백미나 현미 속에 깎이지 않고 남아 있는 벼를 '뉘'라 부른다. 현미와 섞인 뉘는 고르는 일은 쉽지 않은 일이다. 어머니가 도조로 받아 보내주신 현미에는 가뭄 피해로 생긴 쭉정이가 뉘로 섞여 있었다. 쌀은 88번의 농부 손길이 간다고 해서 한자의 미米를 쌀미로 부른다고도 한다. 신토불이 쌀에는 아버지의 피땀으로 구입한 논에서 자란 곡식이기에 버릴 수가 없었다. 지난해는 가뭄으로 유난히 쭉정이가 많았나 보다. 주말마다, 쟁반 위에 현미를 펼쳐놓고 보물찾기하듯 뉘를 골라냈다.

쌀 속에 섞인 벼 껍질이 그대로 남아있는 낱개를 통상 뉘라 부른다. 매년 챙겨 주시는 신토불이 고향 쌀, 두 가마를 모두 소비할 수 없었다. 한 가마는 항상 이웃에게 나눠 주었던 것은 한 가마로도 충분하기 때문이다.

뉘를 고르다가 '뉘'가 아닌 삶을 생각해 보았다. 살아온 지난 날, 나는 사회에서 뉘 같은 사람은 아니었던가? '뉘'가 되는 삶은 살지 않아야겠다고 다짐해 본다. 결혼 이후부터 현재까지 샘물처럼 받아먹었던 쌀가마를 40㎏으로 환산해 보니 100가마를 훌쩍 넘어섰다. 선친께서 손발이 닳도록 드나들던 논에서 나온 쌀이 아니었던가? 돌아가신 지 삼십 년 세월, 유산은 양식으로 전달된 것이다. 소중했던 사람이 그리울 때가 있다. 뉘를 고르다가 하찮은 뉘 속에도 선친의 피와 땀이 서려 있음을 알았다.

2017. 3. 9. 《새만금일보》 '아침이슬' 게재.

5. 개미와 메뚜기

개미와 메뚜기

주말마다 손녀와 함께 정혜사에 들른다. 완산칠봉 기슭에 자리 잡은 징혜사는 여승들의 도량이다. '올 때 빈갑고 갈 때면 디 반갑다.'지만 손녀는 눈에 넣어도 아프지 않을 만큼 항상 반갑다. '할아버지'란 호칭을 얻게 한 보석보다 영롱한 외손녀는 양가에서 본 첫 손녀라 더욱 귀엽다.

쌍둥이를 잉태한 둘째딸 내외까지 집에 온 손님은 모두 6명이었다. 그러나 아장아장 뛰어다니는 손녀에게 시선이 집중된다. 15개월 된 손녀는 밖으로 나가 개미를 찾는 재미에 푹 빠져 있다. 경기전태조어진박물관 처마 밑에서 처음 본 개미를 알게 된 지 한 달이다. 개미라고 알려주었더니 '개'를 생략한 '미'를 부르며 쫓아 다닌다. 집안이나 밖에서 오로지 '미'를 찾으려고 쪼그려 앉은 모습은 앙증스럽기 그지없다.

걷기 시작할 무렵 사 준 '삐삐' 소리가 나는 아기 신발 소리는 개미를 찾는 신호음이다. 손녀가 나다니는 공원이나 성당, 절터의 잔디가 자란 공간마다 개미를 찾아 달리는 삐삐 소리의 동선이 날로 늘어 간다. 주말마다 한 번쯤은 개미를 찾아 바깥으로 나가야 한다. 주말에 만났다가 헤어지는 손녀와 매주 1시간은 개미를 찾아다니는 장소가 정혜사 뜨락이 되었다. 오늘은 개미를 찾다가 때늦은 메뚜기 한 마리를 발견했다. 개미만 보았던 아이는 팔짝 뛰는 메뚜기를 보자, 작은 두 눈이 반짝거렸다. 메뚜기를 보여주자 요리조리 신기한 듯 바라보았다. 메뚜기를 손바닥에 올려놓고 보여 주었다. 손 위에서 팔짝 뛰어나가는 메뚜기를 보고 까르르 웃었다. 다시 잡아서 웃는 손녀의 손바닥에 메뚜기를 올려줬다. 메뚜기가 움찔거리자 질겁하듯 소리를 쳤다. 놀라 뛰어나간 메뚜기에 시선을 두고 고사리손을 뒤로 숨겼다.

놀라서 도망치는 메뚜기나 소리를 지르면서도 눈을 떼지 못하는 그 모습이 더 볼만했다. 집을 잃은 메뚜기는 도망갔지만 다시 잡았다. 부처님 손아귀의 손오공처럼 메뚜기는 뛰어봐야 다시 잡히는 포로였다. 눈이 부시도록 따스한 10월에 대웅전 앞 잔디밭에는 생존을 건 필사적 도주, 아이의 놀이를 위한 포획으로 시간 가는 줄 몰랐다. 아이가 즐거워하는 놀잇감, 메뚜기와 이를 잡았다가 놓아주는 고사리손의 게임이었다.

도주와 포획이 계속되던 중, 아이는 발로 메뚜기를 막아서기 시작했다. 몇 번의 헛발질 끝에 손녀의 발에 메뚜기가 밟혔다. 느려진 메뚜기는 아이의 손바닥에 올려졌고 도망을 반복하였다. 부상당한 메뚜기는 아기의 발 아래 눈 감짝할 사이에 다시 밟혔고 메뚜기의 배가 터졌다. 버둥거리던 메뚜기는 동작을 멈췄다. 죽음을 모르는 아이의 눈에 띄지 않도록 손녀를 안아 잔디 밖으로 나왔다. 정혜사 입구에서 기어 다니는 개미를 보고 다시 발로 밟기 시작했다. 장난 삼아 던진 돌멩이에 죽어가는 개구리마냥 길을 잃은 메뚜기는 죽어버렸다. 메뚜기 최후의 동영상이 가족 밴드에 올려졌다. 영상을 본 임산부 대아는 조카가 손을 모으며 말하는 '아멘!'을 하라고 댓글을 달았다. 말도 못하는 어린아이에게 살생의 의미를 어떻게 알려주어야 할지 고민이 되었다.

석양에 집을 나간 새끼를 기다리는 어미 메뚜기는 세월호의 실종자 부모와 다를 바가 없을 것이다. 아무것도 모르는 아이에게 살생의 공범이 되었고 사체를 남겨둔 채 사천왕문을 빠져나왔다. 미필적 고의로 살생의 빌미를 제공한 셈이다. 교통사고 현장에서 피해자에 대한 보호조치를 외면하고 사라지면 '뺑소니 살인' 혐의를 받는다. 사건현장을 도망 나온 할아버지 앞에서, '미'를 외치며, 브레이크 없는 자동차처럼 질주하였다. 개미를 보고 가리키던 아이가 움직이는 개미만 보면 무조건 밟기를 계속하였다. 돌발적인 어린아이에게 살생유택을 알려줄 뾰족한 방법이 떠오르지 않는다. 사찰의 경내에서 삶과 죽음도 찰나에 결정되었다. 삶이란 인생이나 곤충도 마찬가지였다.

정혜사 경내에는 열반한 주지스님의 공덕비가 있다. 탈피하던 곤충처럼 정혜사를 나오다가 피안의 다른 세계를 발견하였다. 완산칠봉 아래에서 같은 수돗물과 공기, 햇살을 받으며 살아왔음을 뒤늦게 깨달았다. 안행지구의 메뚜기도 스님과 대중이 함께 살아온 터전에서 최후를 다했다. 손을 씻던 수돗가에서 티 없이 웃는 눈동자와 미소를 바라보니 내 마음도 씻긴 기분이었다.

졸혼을 거부하자

졸혼은 결혼생활을, 졸생은 인생을 마감하는 뜻으로도 해석한다. 졸혼이란 졸업에서 파생된 일본식 신조어로 유명인들의 사생활 공개에서 시작, 파급되는 사회적 현상이다. 정년퇴직한 세대들의 졸혼이 심심치 않게 늘어 간다. 평생 일만 하다가 퇴직한 뒤의 황혼이혼 주변사람까지 안타깝게 한다. 일본에서 시작된 '황혼이혼, 졸혼'이란 신조어가 한국에서도 유행처럼 번진다. 전후 세대를 지칭하는, 단가이 세대가 베이비 붐 세대로 전파되었다.

졸업은 학교 수업이 끝나고 전쟁터로 내몰기 위한 일제 강점기에 시작된 문화가 아닌가 하는 의구심도 있다. 일제 강점기부터 시작된 학교 졸업식은 군사문화의 표본처럼 박제된 행사였다. 축사와 격려사, 표창과 상장 수여 등 권위주의 표본처럼 엄숙하게 진행되었다. 행사 말미에 졸업가를 부를 때 비로소 감정이 표현되었다. 불확실한 미래, 전장으로 떠나갈 학생들에게 강요된 비장함과 숙연함이 나타난 행사였다고 한다. 우리 또래를 살아온 세대는 대부분 한두 차례이상 졸업식을 치른 세대들이다. 나의 학창시절 졸업식에 부모님은 한번도 오시지 않았다. 졸업식날 짜장면 사 먹으라고 준 돈으로 짜장면 한 그릇이면 그만이었다. 나는 자녀들의 졸업식에 대부분 참석하려고 노력하였다. 부모 없이 치른 쓸쓸한 졸업식에 대한 반작용으로 기억한다. 그래도 졸업식장에 받은 상장과 상품을 보고 항상 칭찬해주시던 부모님의 모습은 나를 기쁘게 하였다.

예전과 달리 최근의 졸업식은 자유스러운 축제의 잔치로 변하고 있었다. 10여 년 전 우연하게도 중학생 아들과 고등학생 딸 졸업식이 겹치던 날이었다. 졸업식 다음날 입대하는 둘째의 여고 졸업식장으로 가족들이 몰려갔다. 가족 한 명도 나타나지 않은 아들은 졸업식장에서 받은 상장과 상품을 안고 운동장 구석에서 풀죽은 모습으로 기다리고 있었다. 아들을 바라보면서 내가 느꼈던 슬픔이 되살아났다. 고등학교를 졸업하던 아들 졸업식장에 온 가족이 가서 축하하여 준 계기가 되었다.

큰딸의 대학 졸업식날 꼭두새벽부터 온 가족이 신림동으로 출발했다. 자랑스러운 딸과 함께 최우등 상패를 앞에 두고 기념촬영을 하자고 했다. 촌스럽다며 단호하게 거절한 딸이 야속하였다. 서울 살던 동생 가족들도 오기로 한 졸업식장에서 인파에 휩쓸려 동생 가족과 상봉도 못하고 내려오는 촌극이 벌어졌다. 둘째 딸의 임관식은 군악대의 주악과 사관생도들의 분열과 행진이 벌어진 장엄하고 화려한 졸업식이었다. 대통령, 총리, 국방장관, 육·해·공군사령관 등의 표창 하나 받지 못하였지만 4년간 고생한 딸의 어깨에 계급장을 달아주던 감동의 순간은 축포 소리에 눈물이 떨어졌다.

100여 년 전 태어나신 선친과 어머님, 장인 장모까지 통틀어 졸업장은 없었다. 학년 초마다 조사하던 부모 학력은 무학이었다. 그러나 장인 장모와 아버지는 아름다운 생을 마감하였다. 학생의 본분인 학업을 마치면 졸업이지만 직장 퇴직 또한 졸업이다. 축복받은 졸업에서 졸혼의 아픔은 슬픈 일이다.

쉴 새 없이 달려온 베이비 붐 세대가 졸업을 하고 있다. 졸업세대에게 전하고 싶은 말이다. 졸업은 하되, 아름다운 생을 마감하려면 졸혼을 거부하자.

이별여행

40년 만에 담소를 하며 걷던 야행길이 마지막 길일 줄은 나도 몰랐다. 100년도 못 사는 인생끼리 천년의 길을 걸어 다녔다. 1,000년 정도定道 전주를 찾아온 친구와 걷던 한옥촌은 고요하였다. 전라도란 행정구역이 명명된 1018년부터 만 1,000년이 되던 10월이다. 경상도는 700년, 충청, 강원, 평안, 경기, 황해도는 600년 전 새로 붙여진 고을이었다. 함경도 500년, 제주도 72년에 견주어 볼 때, 전주는 역사 도시임이 분명하다. 정도 1000년을 맞이한 호남제일문이라 불리는 풍남문에서 타종식도 있었다. 10세기 동안 전라도의 중심 도시, 전주는 풍패 지향의 객사와 태조 이성계 영정을 모신 경기전 중심으로 한옥지구가 떴다. 한국의 꽃심 문화유적 본산지로 재조명 받는 예향과 의향의 도시를 친구가 찾아왔다.

친구와 함께 전주 교동에서부터 향교와 양서재, 한벽당과 전동성당 길을 돌아다녔다. 〈성균관 스캔들〉 사극 촬영지 전주 향교도 가볼

만한 유적이다. 향교 인근에 있는 완판본 문화관은 17세기~19세기까지 60여 종의 판매용 책을 발간한 기록문화의 중심지 전주를 대변한다. 세계 최초의 금속활자가 조선 왕조에서는 청동 활자로 발전되었다. 인쇄 기술 발달에 따라 명품 한지가 생산된 전주는 서울과 더불어 인쇄기술의 쌍벽을 이룬 도시다.

오목대와 이목대는 전주이씨 왕가 선조들이 대를 이어 살았던 터전이다. 이목대에 자만동이라는 옛 지명이 남아있는 이곳은 태조대왕 이성계의 5대조 목조 이안사와 후손들이 살아온 집터가 있다. 오목대에서는 삼도 도순찰사 이성계의 종사관 정몽주 이야기도 꺼내 들었다. 종친들이 베푼 전승연 장소에서 전주 시내를 조망하며 자만동 언덕 벽화 마을과 치명자산도 설명해 주었다. 200년 전 순교자인 동정부부 묘와 기념성당이 자리한 치명자산은 천주교 신자의 발길을 끄는 몽마르트르 언덕에서 전주 시가지는 물론 정상에서 임실과 익산 군산권역까지 볼 수 있다고…….

치명자산 끝자락, 한벽당에 올라 슬치재와 고덕산 사이로 흘러내리는 전주천에서 서해 바다로 흘러가는 물과 시원한 바람길목에 사진을 찍었다. 고덕산의 맑은 물은 전주와 김제 익산을 지나 군산과 부안 김제가 어우러진 새만금 바닷물과 합수가 된다. 전주 팔경 한벽당에서 전주천 맑은 물속에서 잡아 올린 민물고기로 만들었던 오모가리탕은 유명했다. 전주의 맛과 풍미를 찾는 여행객들이 찾아드는 숨겨둔 맛집도 소개했다. 오목대에 올라 억경대, 만경대, 천경대를 산책하며 우국시를 남긴 정몽주를 이야기하였다. 638년 전 쇠락해지는 고려의 운명을 전주에서 알게 된 종사관 정몽주의 감정에 내 마음을 이입시켰다. 군 사령관 이성계 장군에게 쏠린 민심을 직접 보았던 그는 어쩌면 남고산 정상에서 선죽교의 비극을 짐작했을 거라고…….

오목대 사방에는 남고산과 고덕산, 다가산과 완산칠봉, 황방산과 가련산, 기린봉과 승암산이 병풍처럼 둘러선 형세와 교동과 풍남동 사이에 전동의 역사를 설명하자 친구는 고개를 끄덕였다. 전동은 대한민국 유일한 경기전에 태조 영정을 모신 전당을 의미하는 동네 이름이다. 조선시대 왕들의 영정과 유물을 한 번에 볼 수 있는 복식 행렬이 전시된 박물관은 한 번 들렀다고 했다.

유네스코 문화재로 지정된 《조선왕조실록》을 보관했던 서고와 유물과 매월 음력 초삭에 벌어지는 경기전 제향이 제사의 표준이라는 사실도 설명하였다. 주말마다 경기전 뜨락에서 수문장 교대식이 벌어진다. 맞은편 전동성당은 천주교 신자들이 처형당했던 장소에 세워진 호남지방 최초의 유럽풍 건물로 주춧돌과 바닥이 호남 제일문 성곽에서 떼어낸 돌임을 알려주었다. 순교 흔적이 남아있는 초록바위, 숲정이, 치명자산과 동정부부 묘소는 천주교교 신자들이 순례 성지라는 사실까지…….

천년도시 전주의 4대문은 서울도성의 4대문의 모델인지도 모른다. 남대문이 숭례문으로 불리지만 전주 풍남문은 호남제일성문이었다.

광화문에 해당하는 북문, 동대문에 해당하는 동문, 서대문에 해당하는 서문에는 유적 터만 남아 있다. 남문시장 입구의 풍남문은 소실되어 재건된 남대문과 똑같은 원형이다. 전주 한옥지구에는 조선왕조 마지막 황손이 거처하는 승광재부터 전주 최씨 종가와 최명희 문학관, 학인당 등 전통 한옥이 있다. 국악발전의 기틀이 된 전주대사습놀이는 최초의 국악경연 대회였다. 국악방송과 한정식 맛집, 사회적 기업에서 운영하는 막걸리집까지 한옥지구 안에 있다.

동락원은 전주 영화제가 열리는 5월에 전야제가 열리던 가장 큰 규모의 한옥이다. 700여 평의 아늑한 공간은 대통령과 대기업 총수들이 묵고 간 전주를 대표하는 한옥시설이다. 고즈넉한 한옥의 멋은 장독대와 우물터에서 볼 수 있다. 동락원 동네에는 풍류를 아는 사람만 찾는 막걸리집 '천년 누리 봄'도 있다. 동고동락의 여로에서 막걸리 한 사발에 정을 담는 한옥 주막이다. 정통 전주비빔밥은 음식장인 1호로 등록된 가족회관 유기그릇 비빔밥이 제맛이다. 나의 본적지 교동 한옥은 사라졌고 그 터 위로 공연 공간이 조성되어 있었다. 데크 틈으로 얼굴을 내민 잡초만 나를 보고 인사했다. 전국체전 기간이라 장관 일행이 북적거린 동락원을 피했다. 향교 인근 내가 살았던 집 뒷집 '싸목싸목' 아랫목에 이불을 폈다. 퇴직했으니 대전으로 놀러 오라던 그가 연초에 천상으로 떠나갔다. 전주 야행은 이별여행이 되었다.

돈도 실력

"남자 20세에는 국가를 생각하고, 여자 20세에는 시댁을 생각하라."고 선친은 밥상머리에서 자주했던 말이다. 여기에 맞장구쳤던 어머님의 단골 훈화가 있다. "길이 아니면 가지를 말고 말이 아니면 탓치 말라."고도 하셨다.

국정 농단 주인공은 어린 딸에게 밥상머리 교육에서 "돈도 실력이다."라고 했나 보다. 시간에 쫓기는 핵가족 시대에 밥상머리 교육은 쉽지만은 않다. 가족들의 대화는 자녀들이 모이는 시기가 명절과 가족들의 행사가 있을 때 잠깐뿐이다. 딸 둘이 결혼하면서 늘어난 식구들이 다 모이는 설날에는 덕담을 준비할 필요가 있다. 나이가 들수록 주머니는 열고 듣기를 잘해야 한다고들 한다. 밥상머리의 부모 교육은 자녀를 통해 거울처럼 투사되는 모양이다. "돈도 실력이야. 니네 부모를 원망해."라는 핸드폰 문자가 돈이 없는 부모들의 가슴에 커다란 상처를 주었다. 영악한 젊은이가 쏘아붙인 일갈은 소름끼치도록 대못처럼 가슴속 깊이 박혀 버렸다. 학창시절에 부모의 학력을 조사할 때마다 무학이던 부모를 원망하였던 때도 있다. 돈이 실력이라는데 돈은 고사하고 한글도 모르는 부모님이 부끄러웠다.

한일합방 이후 태어난 아버지의 형제들은 대부분 학교 문턱을 넘지 못하였다. 대학 예비고사도 돈이 없어 포기하던 시기였다. 자포자기한 우리에게 세계사 선생님이 하신 말씀은 무지한 아버지를 둔 현실에 대한 자각을 하게 했던 가르침이었다. "너희들이 결혼하고 나서 너희들 학력보다 한 단계만 더 자식 교육을 시키면 대성공이다."라고 당부하였다. 중국이 아편전쟁에 패한 원인이 무지의 소치라면서 정색하고 열변을 토하셨다. 이어서 촌놈은 고등학교를 졸업하고 농사만은 짓지 말라는 당부도 하였다. 대학 진학이 우골탑이라고 말하던 1970년대에 대학을 포기한 제자들에게 자식에게 고등학교 졸업보다 한 단계 높이 가르치라던 당부였다.

군대를 자원입대하고 보니 대학을 다니다 입대한 부대원을 보면서 진학의 꿈을 키워 군복을 입은 채 예비고사를 보아 합격하였다. 선생님 말씀이 전부 맞지는 않았다. 농촌에서도 농·수·축산으로 성공한 친구들도 있다. 우리 부모님은 무학이었지만 부모의 도리를 다하셨다. 뼈 빠지도록 농사를 지어 4단계의 학자금을 지원받았으니 선생님의 주장대로 대성공한 케이스가 아니겠는가? 아버지가 운명하시기 전 아들의 손을 잡고 띄엄띄엄 전달한 유언은 아직도 꿈틀거린다. "국록을 먹는 사람은 국사에 전념하라."고 말씀하셨다. 일본인 농장

(김제 만경)에서 국가를 잃은 피지배 국민이 받은 설움을 자식에게 대물림하지 않으려 한 당부가 아니었을까? 아니면 금융회사에서 공무원으로 전직한 아들에 대한 우려였는지 모른다. 마지막 남겨준 유언을 아들은 실천하지 못했다.

선친의 유지를 이제 나는 아들에게 전하고 싶다. 명절이 가까워지면서 설날에 귀향하지 않은 수험생 아들에게 문자를 보냈다. "하루하루에 충실하라."는 메시지를 보냈건만, 전화기를 끄고 공부하는 아들을 믿을 뿐이다. 어수선한 나라, 불확실한 국가의 미래가 걱정이 된다. 동계 올림픽을 앞두고 전쟁과 평화의 경계선에서 돈도 실력이라는 촌철살인의 한마디가 내 가슴을 후비고 들어온다. 이제 성공의 기준이 학벌보다는 황금만능인 시대에 접어들었다. 돈은 고사하고 채무상속만 남겨 둘 나는 유구무언이다.

한글날의 단상

내가 처음 쓴 별명이 '해광'이었다. 본향인 해리면 광승리 앞머리 글자 '해'와 '광'을 빌린 '바다 해, 빛 광'이다. 인터넷에서 쓰던 별명은 홈 페이지, 아이러브 스쿨부터 다음카페까지 이어지고 있다.

'2002년 해리사람들'이란 카페를 만들었다. 카페 가입 조건은 나와 동향 출신으로 정하였다. 많은 회원보다는 동향 사람들의 사랑방 카페로 만든 것이다. 초기에 가입했던 사람들 대부분 지인 중심으로 각자 별명으로 자유롭게 글을 올리던 시기였다.

죽마지우 석중이란 친구의 별명은 '야초'였다. 군 장교로 미국과 중동에서 오래 근무한 시각으로 쓰던 야초의 글 솜씨는 예사롭지 않았다. 수년 동안 외국에 파견되어 수학하고 전쟁터를 누볐던 친구의 관찰력은 사물에 대한 묘사가 특출하였다. 유려하면서도 군더더기 뺀 내공이 스며든 알찬 글이었다. "벼는 익을수록 고개를 숙인다."고 영글어진 글에 '野草'라는 별명이 겸손함으로 다가왔다. 한글날, 훈민정음체로 인터넷에서 사용하는 별명 '빈들'을 써 보았다. 야초라는 들풀에서 영감을 얻어 텅 빈 들판을 뜻하는 순 한글로 된 '빈들'이란 별명을 사용하게 되었다.

1444년 완성된 한글은 표음문자로 무엇이든지 표현 가능한 탁월한 언어다. 한글이 국제어로 뻗어나가기 시작한 1980년대에 인기가수 송창식은 〈가나다라마바사〉란 한글 노래를 불렀다. 이 곡은 제일교포, 한국어 학습용으로 작곡한 재미난 노래다. 일제는 한글사용을 못하도록 창씨개명을 강요했다고 한다. 이에 대한 반항으로 일본어 히라가나로 개명한 국어 선생님이 계셨다. 순수 한글 "가나다라마바사"란 이름으로 저항한 선생님을 기린 창작곡인지도 모른다.

한글창제 572년이 지난 지난해에는 한글로만 만들어진 미술작품이 선보였다. 한글의 자음과 모음만으로 사람의 얼굴을 형상화한 걸작이었다. 《나랏 말쌈과 얼굴》이라는 제목으로 출판된 창작물이다. 일찍이 발자크는 "사람의 얼굴은 하나의 풍경이며 한 권의 책이다."라고 말했다. 한글로 사람 얼굴을 형상화한 창작영역을 개척한 전영현 화가가 있다. 리더스클럽에서 만나던 그분께 염치없이 별명으로 된 얼굴 그림을 부탁한 적이 있었다. 오랜 시간이 지나고 빈들과 해광을 합성화 시킨 얼굴 그림을 받았다.

유네스코 세계기록유산으로 지정된 훈민정음은 집현전에서 언어학자들이 수년을 걸쳐 연구한 결과물이다. 당시 인용한 한자와 일본어, 위구르어, 구자르트 문자, 타타르어, 파스카어 등 다양한 문자란다.

한글은 여러 국가의 언어를 융합시킨 과학적이고 체계적인 표음 문자다. 역사의 발전은 문화의 창조와 전달, 이를 융합하는 창작과정에서 진화되는 것이다.

글을 만들고 표본으로 검증을 마친 2년 뒤에 백성들에게 사용하도록 한 날이 뜻 깊은 한글날이다. 창씨개명으로부터, 한글을 지구상에서 없애려던 일본제국은 조선왕조를 이씨조선으로 격하시켰다. 국민은 왜곡된 역사보다 바른 역사를 알아야 한다. 조선왕조의 개국일인 1392년 7월 17일과 제헌절은 날짜가 같다. 스승의 날은 세종대왕이 탄생한 날이다. 한글날에는 대한민국 국가의 개국일, 문자의 탄생, 헌법, 독도까지 국민이 지켜야 할 자존심이다. 바른 역사를 지켜야 할 책무는 국민에게 부여된 사명이다. 빼앗긴 고토 회복은 못할지라도, 지킬 것은 지키는 것이 진정한 국민과 지도자이다.

훈민정음은 표음 문자기능에서 상형문자인 얼굴까지 그려내는 탁월한 문자이다. 백성을 사랑하는 바탕 안에 문맹을 걷어내고 예술의 영역까지 가치 창조의 외연이 확장됐다. 지구촌이 인정한 한글의 진화는 후손들이 사용하는 품격 높은 문자이다. 훈민정음체로 쓴 '빈들'에는 모든 것을 받아들이고 수용해야 할 넉넉한 품이 들어 있다.

염병에 촛불

"악법도 법이다."라며 사약을 받은 소크라테스는 추앙받는 철학자이자 정치가였다. 도피를 권하던 제자들에게 악법을 받아들인 소크라테스는 죽어서도 고귀한 학자다운 품격과 바른 정치의 표상이 되었다. 법대로란 약속을 어긴 전임 대통령은 국격國格을 말했다. 국정을 농단한 최순실에 대하여 국민 한 사람의 일갈이 온 국민의 가슴을 후련하게 한 명언이 되었다. 잘못을 호도하며 소리치던 그에게 혼잣말로 중얼거리던 독백을 잡아낸 기자의 마음도 그와 같았을 것이다.

제왕적 권한으로 법을 농락하던 그들에게 영토 · 국민 · 주권은 사치였다. 말로만 국격을 외쳤던 위정자들이 저지른 민주적 평등성의 헌법적 가치가 땅에 떨어져 버렸다. 국민이 선출한 대통령으로 선서했던 내용이다.

"나는 헌법을 준수하고 국가를 보위하며 조국의 평화적 통일과 국민의 자유와 복리의 증진 및 민족문화 창달에 노력하여 대통령으로

서의 직책을 성실히 수행할 것을 국민 앞에 엄숙히 선서합니다."라는 선서와 반대로 의무를 소홀했던 결과였다.

"염병하네! 염병하네." 고치기 힘든 장티푸스는 가까이 접근하면 옮겨지던 전염병이다. 상종하지 못할 사람들에게 던진 욕설이 국민들에게 통쾌함을 준 이유가 있다.

《정의란 무엇인가》라던 책이 유난히 많이 팔린 현상은 정의롭지 못하다는 반증이 되었다. 국민이 수장되던 현장을 외면하고 미용에 몰두하면서 죽어가던 국민들의 명령은 탄핵으로 결론 내렸다. 국민보다 사사로운 개인적 일상이 까발려진 특검 결과에, 분노의 촛불이 타올랐다. 양파 껍질 벗겨지듯 나타난 그들은 악행은 중국역사에 나오는 양귀비도 울고 갈 부도덕이었다. 국가보다는 측근들의 이익을 위해 권력이 작동되었다. 국민을 편가르고 편파적 지원에 동원된 블랙리스트는 법을 지키는 사람들을 벼랑으로 내몰았다.

'검찰에서 성실하게 조사받겠다.'던 사과는 언론을 통한 기만이었다. 말로는 사과하고, 자신이 허락한 특검조사를 거부했다. 법 창에서 공개되는 말도 안 되는 사건을 접하고 "이것이 국가냐?"고 장탄식하던 백성들은 자진 사퇴와 탄핵을 바라는 80% 국민의 여론을 외면했던 고집불통과 소아병적 사고가 안타까웠다. 무릇 '살고자 하는 자는 죽는다.'라는 진리를 철저하게 외면했다. 헌법재판소의 최후 변론에서는 궤변과 협박, 선동까지 일삼았다. 돈을 받고 동원된 관제데모를 국민 모두가 알고 있지만 한 사람만 몰랐다. 소신 있는 공무원을 내치고 혼이 없던 아부와 결탁한 정권에 대하여 사그라지지 않았던 촛불시위는 국민의 분노였다. 전체 성인 국민의 반수 이상이 거리로 나선 평화의 함성을 외면한 그들의 소행이 갑갑한 일이었다. 영화처럼 진행되었던 재판이 17차 변론을 끝으로 종결되었다. 최후 변론에서 "저의 불찰로 국민의 마음을 상하게 한 것이 송구하다."고 적었다고 한다. 서류로 전한 진정성 없는 가식이요 궤변이다. "도둑이 제 발 저린다."고들 한다. 숨기고 싶은 부끄러운 개인 가치가 5천만 국민보다 우선한 것이다.

정의가 바로 서는 역사에서 미래의 희망을 바라보자. 마키야 벨리는 《군주론》에서 정치는 술수라고 주장했다. 농단하던 언론까지 되돌아선 것은 민심이 천심이라는 진리를 확증한 것이다.

역사 속에서 무능한 통치자 다음에 사익보다 공익, 공익 속에서도 민족의 통일을 앞당기는 사명을 가진 지도자가 나타날 것이다.

"염병하네, 염병하네, 염병하네!"

전염병 치료를 갈망하는 시민외침으로 되찾은 촛불 저항이 역사가 되었다. 촛불이 전염병처럼 번지던 역병을 몰아냈다. 염병처럼 번지던 악법을 몰아낸 역사는 촛불이었다.

윤도장과 조문

선생님 중 잊을 수 없는 분은 중3 담임이시다. 나를 사랑해주신 것보다 인간적인 면이 너무 좋았다. 그 덕에 선생님 아들인 동수, 사위이신 윤 선배와도 친하다. 금슬이 좋았던 선생님 내외분이 줄초상으로 세상을 하직하셨다. 조문은 슬픔만 아닌, 지인들과 만나는 설렘도 있다. 은사님 조문 온 친구들을 전주역과 정읍역에서 픽업하기로 했다. 상가로 가는 길을 한적한 국도, 정읍을 거쳐 입암으로 정했다. 상가와 관련 있는 윤도장을 보여주고 싶었다. 잔설이 남은 한적한 봉양 소류지, 내리막길에 윤도장 표지판이 있다.

조선왕조 흥덕현에 속하던 전북 고창군 성내면 산림리 낙산마을에 나경을 제작하는 장인이 있다. 나경이란 자성이 있는 자침磁針을 활용, 지관의 음·양택 감정이나 여행자와 항해하는 배에서 방향을 측량하는 나침반을 말한다. 나경은 포라만상包羅萬象 경륜천지經綸天地 중 나羅 자와 경經 자를 인용, 고대 주나라 문왕이 후천팔괘를 바탕으로 음양오행과 천지도수를 함축한 도구다. 낙랑시대 고분에서 발굴된 나경은 삼국시대와 고려시대를 거쳐 조선왕조에 이른다. 나경제작소를 윤도장이라 부른 것이다. 조선 태조 왕사, 무학대사도 풍수 사상의 대가로 나경을 사용했다. 나침판의 또 다른 이름은 패철이다. 패철이란 허리에 차고 다닌다는 뜻이기도 하다.

풍수지리 관심은 길흉화복이 묘지 터에 있다던 저자 손석우의《터》를 보던 시기에 생겼다. 역대 대통령과 고관대작의 유택, 관청의 터를 잡아준 그분을 만난 것이다. 발복을 믿었던 기관장의 선산 답사에 동행하였다. 육관의 육성으로 윤도장 나경의 품질을 전해 들었다. 무형 문화재 김종대 장인의 나경은 풍수가들이 소장하고픈 최고급 수공예 나침반이다. 풍수지리의 과학적 근거를 알고 싶어 풍수지리 강의를 들었다. 수맥을 찾는 수맥 탐사봉과 추를 구입하고 천체 물리학의 도구였던 나경은 비싸서 구입할 수 없었다. 풍수에 대한 확신이 있을 때 윤도장 나경을 구입하고 싶었다. 명당 혈처의 답사는 선조인 회안대군 묘로 시작, 황희 정승, 김일성 조상 김태서의 묘, 회문산 장군대좌. 선운사 주변 인촌 조상 묘 등이다. 지사들이 선호하던 좌청룡, 우백호 금계 포란형, 평사낙안이라는 명당 혈처를 쫓아 다녔다. 흔히들 명당이란, 천리행룡 일석지지에 혈처가 있다고 했다.

천리행룡을 듣고 난 뒤로 공중에서 내려다보던 산등성이의 형세가 좋은 위치에는 암호처럼 터 잡은 묘지가 있었다. 매장 문화 흔적이 높고 낮은 산 여기저기 촘촘하게 박혀 있는 전경을 상공에서 내려다

보았다. 방향을 알고 토질과 형세를 공부할 때 장인이 별세했다. 장인의 유택을 잡아준 지사도 동창생이었다. 장인 임야에 유택을 정한 친구에게 두툼한 대가를 처가에서 지급하였다. 묘지에서 발굴되는 납골과 미라, 사체의 이동과 유물 발굴로 풍수가 관심을 받던 시기였다. 어느 양반가의 미라와 편지가 발굴되었고, 영화 《미이라》도 상영되었다.

월드컵이 열리던 2002년이었다. 풍수의 본 고장 북경의 명나라 황제가 묻힌 왕릉 관광지에서 나경을 파는 행상을 만났다. 눈이 번쩍 뜨여 본 섬세한 대형 나경이 헐값이었다. 아무도 거들떠보지 않던 나경을 두 개나 구입했다. 윤도장 나경 하나 값이면 중국 나경 수십 개를 살 수 있었다. 조선 왕조의 왕릉을 답사하다가 풍수를 연구한 친구가 있다. 묘지와 집터를 찾아 전국을 돌아다니며 야초란 필명을 쓰는 지관이 되었다. 백여 기의 조상 묘를 한 곳으로 옮기면서 풍수학자가 된 야초의 도움을 받았다.

묘좌유향의 분묘를 바라보는 살아있는 후손들이 시선은 유좌묘향이다. 후손들의 음복 발원은 관념상 시선이 교차하는 장소에서 하는데 장소 지정은 나경과 지관이 한다. 나경은 장인 손길로 산 자와 망자의 시선 교차를 제시하는 길잡이이기도 하다.

종중의 분묘를 한곳으로 집중시킨 공사는 십 년 이상 세월이 소요되었다. 풍수를 배우면서 터득한 결론이다.

첫째, 현대에는 벌초와 성묘가 용이한 도로변 양지 바른 곳이 최고의 명당이다.

둘째, 발복이란 숭조 돈종의 집안 가풍에서 시작된다. 이는 선대 조상들과 후손들의 교감이 이루어지는 데 있다.

친구 야초는 초등학교 때 흑석동으로 이사를 갔다. 국립 현충원이 있던 동작동 국립묘지에 안장된 유해는 지위 고하에 따라 유택이 결정된다. 한 줌의 부토가 묻힌 원형의 굴레 같은 묘지들이 하나 둘씩 추모관으로 이전되어 가고 있다. '방안 풍수'라는 비속어 사용도 사라져 간다. '매장 및 묘지에 관한법률'에 따라 윤도장의 가치는 문화유산으로 명맥을 이어간다. 산 자와 망자의 시선이 머무는 공간에서 우리가 찾아야 할 방향은 어디에 있을까? "이승과 저승 거리는 1시간이야." 라던 친구 말에 위로의 말을 잇지를 못 했다.

허망한 것이 인생이라고 독백하던 국립묘지 충령당에서 은사님 내외를 위해 명복을 빌었다. 고인들이 생전 거처하던 아파트가 408호였다. 그분들의 영혼이 머무는 충령당은 한 층 하늘과 더 가까워진 508호였다. 삶과 죽음의 거리도 하늘 기준이라면, 한 층 가까워졌지만 지상에서 멀어졌다. 나경으로 본 고인의 좌향도 종중 선산과 같은 묘좌유향 서쪽이었다.

통일 연습

2018 FIFA 러시아 월드컵 축구에서, 우승 예상 국가를 침몰시킨 기적을 연출한 나라는 한국이었다. 통일된 독일의 라인강 기적을, 한강의 기적으로 덮어버린 것이다. 기적은 '붉은 악마'라는 애칭으로 월드컵 4강에 올랐던 2002년부터 준비된 것이었다. 한국인의 정체성은 무엇인가? 동북아시아의 한반도가 세계에 알려진 것은 중세기 고려왕국(COREA)이 시초였다. 근대역사에서 완전한 국가 형태의 한반도는 조선왕국의 영토였다. 인도의 시성 타고르는 조선이란 왕국의 이름을 따라 〈고요한 아침의 나라〉란 헌시獻詩로 찬양했다.

TV에서 즐겨보는 〈어서 와, 한국은 처음이지〉란 프로그램이 있다. 외국인 출연자들은, 한국을 불야성의 나라로 이해하고 있었다. 그들은 부지런한 한국인을, 24시간 일하는 국민으로 인식한다. 아침형 인간과 불야성의 한국 현실을, 이방인들은 워커홀릭에 빠진 국민으로 알았다. 21세기의 글로벌 세계는 야행성 인간을 양산했다. 《아침형 인간》이라는 책에서, 저자 사이쇼 히로시는 '아침을 지배하는 사람이 성공한다.'고 주장했다. 아침 해가 일찍 뜨는 지리적 특성에서 나고 자란 한국인들은 아침형 인간이다. 아침을 지배하는 한국인의 유전자가 성공의 요건을 갖춘 것이다.

동요 가사에도 한국인의 부지런함이 증명되고 있다.

"엄마가 섬 그늘에 굴 따러 가면 아기는 혼자 남아 집을 보다가 바다가 불러 주는 자장노래에 팔 베고 스르르르 잠이 듭니다."

육아보다 일을 우선하는 문화 속에서 자라난 세대들의 시대적 환경이 엿보이는 동요가 아닌가? 2018년 7월부터 대통령은 법으로 노동시간을 단축했다. 대통령은 "노동자들이 장시간 노동과 과로에서 벗어나 가족과 더 많은 시간을 갖고, 저녁 있는 인간다운 삶을 누리는 계기가 될 것"이라며, "엄마 · 아빠가 함께 아이를 돌볼 수 있는 시간이 많아질 것"이라고 했다.

> 일찍이 아시아의 황금시대에 빛나던 등불의 하나인 코리아,
> 그 등불이 켜지는 날에 너는 동방의 찬란한 빛이 되리라(중략).
> 좁다란 담 벽으로 세계가 조각조각 갈라지지 않은 곳, 진실의 깊이 속에서 말씀이 솟아나는 곳, 노력이 완성을 향해 팔 벌리는 곳. 자유의 천당으로 내 마음의 조국 깨어나소서.

100년 전, 이미 부지런한 한반도의 국민성을 타고르는 알아보았다. 고요한 아침의 나라, 동방의 등불은 조선朝鮮에서 시작되었다. 중

세기에 신사유람단을 보내달라고 간청하던 게 일본이었다. 올림픽 출전에서 "COREA를 KOREA로 바꾸어 일본Japan 뒤에 입장하도록 조작했다."는 설에서 일본의 질시를 헤아려 본다. 왜국倭國에서 넘보았던 한반도가 통일되면 완전한 COREA가 복원되는 날이다.

세계 인류는 K-pop과 음식 등 한류 문화에 열광하고 있다. 다가서는 통일 한국의 르네상스 물결이 밀려오는 중이다. 남·북으로 분단된 한민족이 한반도 깃발 아래 다시 뭉쳤다. 2018 아시안게임 일부 종목은 남북 단일팀을 구성하였다. 중단되었던 이산가족 상봉과 아시안 게임을 보면서, 남과 북의 통일연습에 희망을 걸고 힘찬 박수를 보낸다.

2018. 8. 23. 《아침이슬》 게재.

홋카이도에서

홋카이도 선진지 견학 프로그램에 참여하였다. 즐거워해야 할 여행이지만 마음 한쪽에는 착잡한 마음도 들었다. 일제 강점기에 탄광에서 끌려가 고생하신 숙부님 생각이 났다. 20대에 일본으로 끌려가셨던 두 분은 해방 전과 후에 귀국하셨다는 말만 들었다.

항상 웃고 귀여워해주신 둘째 숙부께 홋카이도 탄광 이야기를 듣지 못한 아쉬움이 남아 있다. 기온이 내려가는 가을부터 봄까지 기침만 하시던 이유를 감기라고만 생각했는데, 지금 생각해 보니 진폐증 같다. 예수병원에서 싸늘히 식었던 고인의 발을 잡고 고단하게 살았던 숙부님을 애도했다.

삼 년 터울 셋째 숙부는 6척 장신으로 기골이 장대하였다. 일본 남부의 탄광에서 일하다가 막장 사고로 허리를 다쳐 조기 귀국했다고 들었다. 그분은 유독 큰집 조카들을 자식처럼 챙기셨던 분이다. 가설극장에 가려던 누이들을 못 가도록 대문 앞을 지킨 이유를 어릴 땐 몰랐었다. 들에서 잡은 꿩과 오리 새끼는 물론 토끼와 노루 새끼도 잡아다 주셨다. 동기 감응이었을까? 숙부님의 임종 전 꿈속에서 나타났다. 작은아버지가 병원에 입원하셨다는 소식을 듣기 전날 밤이었다. "준구야 미안하다." 한복 입은 채로 웃으시며 손을 흔들었다. 깜짝 놀라보니 새벽 4시였다. 위독하시다는 전화를 받고 병원으로 찾아갔다. 70대임에도 30대의 내 손은 크고 강력한 손아귀의 힘에 압도당했었다.

셋째 작은아버지의 손을 잡던 순간 임종하신 아버지 손을 잡게 해 주시던 순간이 영화처럼 스쳐갔다. 내가 대문에 들어서자 작은아버지는 내 손을 이끌고 방안 병풍 앞에서 나직하게 말씀하셨다. "형님 준구 왔어요, 사랑하는 아들 손이나 마지막 잡아보고 잘 가시오." 작은아버지는 관 속에 덮인 백색 천을 발 부분부터 천천히 올렸다. 억센 손을 따라 아버지의 발을 잡았다. 얼음장처럼 차가운 발에서 무릎을 거쳐 아버지의 손을 맞잡았다. 잠자듯 누운 아버지의 얼굴을 보던 순간 나는 까무라치며 쓰러졌다. 힘이 장사였던 작은아버지가 나를 안고 마당으로 내려갔다. 펌프로 퍼 올린 찬물을 얼굴에 부었다. "준구야! 정신 차려라, 야 이놈아, 정신 차려, 쌍초상난다." 말도 못 하고 굳어진 몸이었건만 내려다보던 작은아버지의 눈을 올려 보았다.

"준구야, 정신 차려라. 정신 차려, 이놈아."

주르륵 흐르던 숙부님의 눈물이 내 얼굴에 떨어졌다. 호랑이보다 무섭다던 숙부님 눈물은 뜨거웠다. 초상집마다 상엿소리꾼 대장이셨던 그분도 꽃상여 속에 실려 떠나가신 지 30년이 되어 간다.

전주 상공회의소 20대 의원 자격으로 일본의 홋카이도 시청과 방송국, 맥주공장까지 둘러보았다. 선진 일본 기업의 바탕에는 끌려가셨던 두 분 숙부의 노임과 노동력 착취가 기반이다. 보상도 못 받고 돌아가신 숙부님 생각에 지진 현장의 뒤틀린 도로처럼 심사가 뒤틀렸다. 아름다운 자연과 깨끗한 시가지, 친절한 국민성은 본 받을만하다. 상공회의소 후배와 많은 지인들이 돌아본 도야호수까지 만족스런 여행이었다. 여행 중 일본은 선거기간이었다. 선거운동과 벽보, 거리의 유세까지 한국의 선거와 유사했다. 훗날 아들과 함께 다시 방문하겠다는 결심을 굳힌 여행이었다.

하파 아데이Hafa Adai

12년 동안 같이 모였던 모임의 마지막 여행지로 괌이 선정되었다. 매년 국외와 국내를 탐방하는 모임이었다. 강원도를 시작으로 가까운 선유도, 선운사는 물론 제주도까지 두루 돌아다녔었다. 졸업여행으로 필리핀에서 유쾌한 여행을 같이 한 30여 명의 원우가 한두 명씩 빠져나갔다. 일본과 대만 여행에 10명 내외의 인원으로 줄어들면서 해체 전 마지막 여행지로 괌을 정했다.

괌은 북한과의 테러 우려로 주민 수만 명이 하와이와 미국 본토로 피신한 상황이었다. 괌의 인사말 '하파 아데이'가 안녕하지 못한 현실이었다. 하루 18편의 여객기가 3편으로 줄어든 일본 여행객의 빈자리를 한국은 하루 3편 여객기가 14편으로 증편되었다고 한다. 낙천적인 한국 여행객들이 즐겨 찾는 괌은 출입국 수속이 까다롭다는 미군 기지라는 사실이 아이러니하다. 떠나기 전 한반도에는 눈보라가 몰아친 영하 10℃의 날씨였다. 7명의 희망자 중 환자가 발생, 여섯 명이 출국했다. 국적기는 4시간 만에 미크로네시아 괌에 도착한 때의 현지 온도는 30℃로 수은주가 늘어났다. 동토에서 4시간 만에 느끼던

40℃ 기온 차이로 파카를 벗어도 땀이 흘렀다.

일행 두 명이 먼저 빠져나간 입국 심사대에 섰다. 긴장된 상태로 나머지 일행들은 여권을 내밀었다. 입국 목적에 "트레블"이라고 대답했다. 또 질문 내용은 무엇일까? 초조하게 기다렸으나 심사관은 화면만 바라보며 아무 말도 하지 않았다. 5분쯤 지나면서, 혹시 내게 무슨 문제가 있나 하는 조바심이 났다. 얼마 전 미국 공항에서 여행비자로 간 한국 노인들이 무더기로 되돌아온 뉴스가 떠올랐다. 불법취업자나 북한과 연계된 조직원으로 의심하는 것일까? 지체 상황에서 온통 잡스런 생각이 머릿속을 어지럽혔다. 옆 심사대에 선 일행들의 얼굴도 초조하기는 마찬가지였다. 먼저 나간 일행은 밖에서 말없이 심사대만 바라보고 있었다. 30분이 넘어가면서, 앞뒤 일행의 모니터를 살펴보니 우리들의 사진만 화면에 정지되어 있었다.

지루한 시간이 지속되었고 여기저기 수군거림 속에서 인터넷 다운 때문임을 알게 되었다. 추가로 들어선 여행객이 가득 찬 입국장에서 누구 하나 이의를 제기하는 사람도 없었다. 마카다미아넛을 입에 넣고 키득거리던 원주민 심사관들 때문에 불쾌지수가 더해졌다. 빨리빨리에 익숙해진 나는 동남아와 미크로네시아 여행마다 그들의 느린 수리 능력이 답답하였다. 40분 이상 지체했던 심사대가 재개되었는데도 사과 한마디 없었다. 인천공항 출입국심사대의 빠른 처리는 인터넷 속도만이 아니었다. 빠른 손놀림과 판단력을 가진 세계1위 인천공항의 편리한 입출국 수속의 고마움을 새삼 알게 된 시간이었다.

하이얏트 호텔에 여장을 푼 다음, 대형 수족관을 관광하는 식당에서 만찬을 마쳤다. 명품관에서 아이 쇼핑만 하고 잠자리에 들었다. 이른 새벽 일어나 창문을 열었다. 칠흑처럼 어두운 바다가 하얀 포말을 일으키며 쓰나미가 밀려오는 듯했다. 무섭게 들려오는 파도 소리, 태평양의 거대한 파도의 여운을 넋을 잃고 한참을 바라보았다.

동이 트자, 사진처럼 나타난 해안선과 바다가 한 폭의 풍경화였다. 동숙한 원우와 수영복 차림으로 나가 본 해안은 하얀 모래 입자가 밀가루 같았다. 배꼽 아래 깊이의 괌 바닷가가 겨울철 아동들을 대동한 가족여행지로 뜨는 이유를 알았다. 얕은 해안선이 끝나는 지점부터는 깊이가 수 킬로에 달하는 낭떠러지 단애라고 한다. 새벽에 보았던 파도는 절벽에 부딪쳐 일어나는 포말이 부서지는 경계선에 나타나는 현상이었다. 거센 파도가 해안절벽에 부딪쳐 나타나는 물보라에 무지개가 피어났다. 코발트색 해안으로 100여 미터 들어가자 물고기들이 다가와 피부를 물어 깜짝 놀랐다. 해안에서 떼 지어 다니는 물고기는 투망에 잡혀 나왔다. 원주민들은 숭어 새끼 같은 작은 고기를 묵직하게 건져 냈다.

애절한 전설이 서린 사랑의 절벽을 갔다. 전날 사랑의 절벽에서 40대 원주민이 자살했다고 한다. 낭떠러지 절벽에서 4시간 동안 벌어진 소동은 정오에 막을 내렸다고 한다. 괌의 면적은 거제도와 비슷한 크기지만, 18만 인구가 최근, 2만 명 줄었다고 가이드가 귀띔했다. 2017년 8월 15일 핵폭탄을 쏜다던 김정은의 협박이 먹힌 것이다. 아시아 전역을 초토화 시킬 만한 전략무기를 보유한 엔더슨 공군기지와 해군기지의 함대를 차창으로만 바라보았다.

20년 전 태풍 '티나'의 폭풍우 속에서 대한항공 여객기가 추락한 니미츠 힐 산 중턱에 올랐다. 당시 국회의원 신기하 의원과 금융기관 경영자 가족, 신혼 부부 등 254명 중 229명이 사망한 대형 사고였다.

태풍피해 지역이라 보상을 받기 위해, 투자를 억제한 집들은 허름했다. 그러나 허름한 집 앞에도 호화로운 요트와 명품 차가 가족 수대로 세워져 있었다. 탄생하는 아기부터 매월 국가가 지원하는 생활비가 1인당 300만 원이라니 복지 천국이다. 시내를 오가는 차량은 걷는 속도나 다름없이 느긋했다. 도로를 건너는 관광객들을 향해 손을 흔들고 경음기 소리 한번 듣지 않은 슬로우 섬이 괌이었다.

김정은 협박이라는 가짜 뉴스 때문에 실제 본토로 이사한 사람들이 많았다는 사실에 머리가 아파왔다. 괌에서 하와이로 이동한 사람들이 다시 어디로 탈출할까 묻고 싶었다. 평화롭고 아름다운 투몬베이 해안에는 한국의 젊은 가족 관광객들로 북적였다. 전쟁을 하려는 국가와 평화를 갈망하는 국가 국민들의 마음을 괌에서 보았다. 평화의 상징 평창 올림픽은 전쟁을 피하려는 한민족의 지혜로 꽃피워야 할 것이다. 세계의 이목이 집중되는 괌에서 전쟁과 평화의 양면을 확인한 여정이었다. 평화를 간구하는 지구촌에서 사랑의 전설 따라 감싸 안아야 할 화약고가 괌이었다.

"하파 아데이Hafa Adai"

금강산에 가고 싶다

청와대 앞 도로에서 회담장을 향하는 대통령이 인도에 나와 시민들과 만나고 있었다. 번뜩이던 경호원의 선그라스에 환영하는 인파들의 눈망울이 비쳤다. 회담 성공을 바라는 국민들과 어우러진 경호 행렬이 입체적으로 중계되고 있었다. TV 앞에서 떠날 수가 없어 출근을 미루었다. 임진강 너머 북한의 산하도 우리 땅과 같았다. 가까운 개성 땅이 눈앞에 아른거렸다. 판문점에서 벌어진 두 정상의 경호 모습을 시청하노라니 만감이 교차했다. 1970~1980년대 대통령 경호와 북한의 지도자에 대한 경호대열의 흡사함에 깜짝 놀랐다. 커튼 사이로 내다보던 북한 경호원 모습도 눈에 띄었다. 대통령의 경호는 880 행차라는 미명 아래 VIP 동선을 가리던 커튼은 검정색이었다. 다이아몬드형 경호 대열을 보고, 중앙청에서 자주 보았던 경호현장이 떠올랐다.

분단된 산하, 대치한 현장에서 벌어진 회담은 전 세계로 중계된 역사적 사건이었다. 한반도는 일제 치하의 1945년 2월 얄타회담에서 미국과 소련에 의한 분단이 예고되었다. 휴전과 더불어 열강에 의해 가로막힌 한반도였다. 한국전쟁 중에 잠시 휴전은 65년 동안 끌어온 숙제였다. 그 숙제를 풀어나가는 만남에 장애물이 많았다. 통일을 원하지 않은 주변 국가들의 견제는 지금도 진행 중이다. 민족의 운명을 스스로 결정하는 민족 자결의 의지가 한민족의 가슴을 뜨겁게 하였다. 강산을 분단시킨 3·8선은 의미는 한순간에 무너졌다. 그곳을 오가는데 걸리는 시간은 10초도 안 되는 짧은 시간의 기적이었다. 갑작스럽게 중단된 금강산에 가고 싶었다. 감동한 남북 민족들의 박수와 환호가 간절하게 희망하는 것은 단순한 것이다.

금강산관광: 일반2박, 출발일자 2007. 10. 26.
반조 / 조: 해금강/22, 도착일자 2007. 10. 28.
성명: 오명숙 현대아산

21개월 차 손녀는 우연하게도 서랍에 넣어둔 이름표를 주말마다 꺼내 목에 걸고 다녔다. 글씨도 모르던 손녀에게, 기특한 행동과 역사적 사건을 전해 주련다. 손녀와 손잡고 그리운 금강산을 함께 가고 싶다. 철이 들면 아이의 가족과 함께 부산출발 열차를 타고 러시아를 가보고 싶은 소원도 생겼다.

2008년 7월 박왕자 씨 피격으로 사라졌던 금강산 관광과 이산가족의 재개는 빠를수록 좋다. 2018 평창 동계 올림픽개최 한 달 전까지도 남북의 대치는 일촉즉발의 살얼음판 같았던 한반도였다. 이산

가족의 탄식과 개성공단 투자자들의 절규를 방송에서 보았다. 개성공단 폐쇄는 이웃나라의 배만 불려준 결과를 초래했다. 민족의 염원보다도 정치적 이익을 위해, 선거를 위한 권모술수까지 국민 모두가 뒤늦게 알게 되었다. 새로운 통치자의 사심 없는 결단에 하늘도 감동했다. 맑은 하늘 아래 허심탄회한 정상회담은 아버지와 아들의 만남 같았다. 겨레의 운명은 전쟁위기에서 종전과 평화를 기대하며, 즐거워한다.

더러 더디게 갈지라도 신뢰를 바탕으로 서로를 보듬어야 한다. 가진 자가 베풀면 모든 것은 이뤄지리라. 2018년 4월 현재 남한의 국민소득은 25,167달러, 북한의 국민소득은 1,074불이라고 한다. 20배 이상의 경제력 차이, 대결구도보다 대화가 필요한 상황이다. 휴전에서 종전으로, 여기에 평화 협정만 더한다면 한반도 온누리는 행복하리라. 서로가 필요한 것은 신뢰를 바탕으로 한 대화와 소통이다. 남과 북이 오순도순 살면 전 세계 어느 나라와 비교해도 뒤지지 않으리라. 남한의 자본과 기술, 북한의 자원이 결합된다면 민족의 공존공영이 가능할 것이다.

올가을에는 개성도 오갈 수 있으면 좋겠다. 박연폭포와 선죽교를 보고 원조 개성 삼계탕도 맛보고 싶다. 어쩌면 개마고원과 백두산 천지의 트래킹이 이루어지는 날도 기대된다. 꽃소식보다 아름다운 봄 소식이 아닐 수 없다.

2018. 5. 9. 《새만금일보》 '아침이슬'에 게재.

6. 아름다운 길

선유도

고군산군도에는 '신선이 노닌다는 섬'이란 뜻을 가진 선유도가 있다. 선유도는 새만금 방조제를 막기 전에는 누구나 가기 어려웠던 섬이다. 선유도와 처음 만난 것은 새만금 방조제 공사가 시작되기 전 1991년 가을이었다. 초도순시에 나선 경찰 헬리콥터는 산과 바다 위를 지나 선유도 상공에 다다랐다. 산속에서 우뚝 솟은 마이산과 달리, 바다 가운데 봉긋 솟아오른 망주봉과 백사장이 눈앞에 보였다. 상공에서 처음 본 선유도의 풍경은 한 폭의 진경 동양화였다. 헬기가 착륙했던 모래톱은 지금은 상가와 도로로 육지가 되었다.

공사 시작 20여 년 만에 가력도와 신시도항까지 개방되었다. 군산에서 배를 타고 다니던 선유도는 신시도와 야미도 선착장에서 유람선을 타고 들어갈 수 있었다. 낚시와 유람을 위한 지인들과 배를 통해서만 들어갔던 선유도는 방조제가 완공된 2009년부터 더 많은 사람들이 찾게 되었다. 공사착공 30년 만에 33.9킬로미터의 방조제 완공으로 군산에서 오식도, 비응도, 야미도, 신시도와 부안으로 연결되어 육지화 되었다. 전주 상공회의소 의원이 되어 준공 직전 새만금 방조제 전망대에 올랐다. 방조단장은 신시도 해상 건물 전망대에서 향후 장자도까지 도로가 연결된다고 했다. 그 브리핑을 듣던 때에도 다리 연결을 믿을 수 없었다. 반백년이 넘도록 중앙정치권의 홀대를 받던 지역이었기 때문이었다.

유월 초하룻날, 선유도의 맛집 예약은 지인을 통해 소개받았다. 돛단배 형상의 다리를 건넌 무녀도에서, 식당에서 보내준 차량을 타고 장자교 앞에 내렸다. 동행했던 지인들은 장자도가 초행이라고들 하였다. 연말 준공을 앞둔 무녀도에서 장자도와 선유도를 연결하는 도로는 막바지 공사가 한창이었다. 장자도를 천천히 걸어서 돌아보았다. 환상적인 석양을 조망하는 서해의 말도와 명도, 방축도와 횡경도부터 대장봉의 할매바위를 바라보았다.

방파제의 끝에서 돌아나와 발길이 멈춘 곳은 초분이었다. 스산한 초분단지 주변에는 끝물의 아까시 꽃향기가 마지막 향기를 내뿜고 있었다. 키 작고 굵은 줄기로 암벽 틈에 살아남은 해송에 시선이 멈췄다. 끈질긴 생명력이다. 선유도 전체를 조망하는 짚 라인 출발지로 갔다. 군산시에서 운영하는 전망대는 점심시간 동안 운행이 중지되었다. 아쉬움이 남았지만, 휴식과 안정, 정비를 위한 좋은 제도라고 생각하였다. 우리는 선유도 해수욕장 백사장에서 식당차를 기다렸다. 대낮임에도 해무에 휩싸인 망주봉과 대장봉은 그림처럼 아름다웠다.

전북 해안의 장자도와 적벽강, 선유도 등은 중국의 자연주의 사상을 신봉하던 누군가가 붙여준 지명인지 모른다. 그러고 보면 전라북도의 지명에는 중국과 같은 지명이 수두룩하다. 중국대륙을 지배했던 백제와 패망한 유민들의 교류과정에서 본향을 그리던 향수가 스며든 지명이 아니겠는가? 한반도 문화교류에는 지명도 포함된 것이다.

꼬불꼬불한 신작로를 통해 간신히 도착한 몽돌해수욕장 근처의 식당에서 노파 혼자 식사 준비를 하고 계셨다. 미나리와 미역을 버물버물한 손맛과 향이 기막혔다. 막걸리와 소맥으로 노부부가 썰어 내온 자연산 회를 맛본 오찬은 성찬이었다. 싱싱한 갑오징어와 해삼, 우럭 찌개까지 우리 일행은 토속적인 맛에 탄성을 지르며 포식을 하였다.

흘러간 유행가 가사 같은 순애보를 이야기한 문우가 있었다. 되돌아오는 차창으로 선남 선녀들의 자전거 행렬과 전동차 행렬이 좁은 도로로 이어지고 있었다. 작년까지 매년 배를 타고 찾았던 선유도는 이제 배를 타고 갈 이유가 사라져 버렸다. 오지 중에 오지, 선유도가 육지로 편입된 것이다. 선상낚시와 선유도 일주 1박 2일 코스 여행지였다. 물때 따라 가던 낚시 포인트에서의 손맛, 마을 앞에서 잡았던 돌게와 바지락 서식처가 다리 공사로 사라지고 있었다.

두바이의 호화 호텔 건물을 본뜬 돛단배 형상의 신시대교 아래, 주차장에서 차를 돌려 신시 조각공원으로 올라갔다. 전날 해양의 날 행사에 오셨던 대통령이 앉았던 자리를 찾아가 바닷물이 출렁이는 간

척지를 바라보았다. 대통령에게 커피를 내려준 커피숍에서 대통령께서 드신 커피를 주문하였다. 일행들과의 이야기 화제는 격의 없는 대통령의 소탈하신 성품이었다. 국민과 주변사람들을 편안하게 한 그분 칭찬으로 모두가 즐거웠다. 기념촬영을 마친 다음, 바닷속을 가로지른 방조제에 오르자 운무가 사라졌다. 신선이 머물다간 선유도가 닻줄처럼 연결되었다.

명량해전에서 승리했던 이순신 장군은 선유도를 유람하며 다리가 연결되는 것은 꿈에도 그려보지 못했을 것이다.

바다가 육지가 되고, 이별했던 사람들이 다시 만나는 무릉도원! 자연과 사랑을 생각하는 육지로 변한 섬, 선유도가 있다.

〈별들의 전쟁〉 촬영지에서

〈별들의 전쟁〉 촬영지 괴뢰메 공원에서 열기구를 관광을 마치고 휴게소에 들렀다. TV중계에서 박지성 선수가 두 번째 골을 성공한 순간이었다. 붉은 악마 티셔츠를 입은 터키인들의 함성이 휴게소에 메아리쳤다. 2010년 남아프리카 월드컵대회에 터키는 연이어 탈락했다. 한국의 첫 경기는 그리스와 하는 6월 12일 경기였다. 터키를 지배한 그리스와 한국의 경기가 열리던 당일에 터키 여행 중이었다.

한국으로 착각이 들었던 순간이었다. 그들은 자국을 지배했던 그리스를 이겨준 한국인을 얼싸 안고 기뻐했다. 앙숙인 한·일전처럼, 터키 국민들에게 대리만족감을 현지에서 보았다. 터키가 중국과 일본을 이겨준 보답은 스포츠를 통한 드라마였다.

월드컵 기간 동안 한국인임이 자랑스러웠다. 최수종 주연의 〈대조영〉 TV 사극에 터키 국민들은 빠져 있었다. 최수종을 닮았다며 여행지마다 다가오던 터키인들의 사진 촬영에 탤런트가 된 기분이었다.

터키와 한국의 인연은 각별하였다. 2002년 한·일 월드컵은 잊힌 역사를 상기시킨 계기가 되었다. 전쟁의 역사는 피를 부르고 피는 동맹으로 연결된다. 전쟁의 역사에서 혈맹의 역사가 이어지는 나라는 터키와 한국이다. 용맹스런 돌궐(터키)과 동이족(고조선)은 고대부터 형제의 의리를 맺은 역사가 기록으로 남아있다. 고대 중국이 북방계 몽고, 타타르, 동이족을 차단한 성이 만리장성이다.

근대 한국전쟁에 참전한 터키 군은 죽음을 두려워하지 않은 투르크 전사의 후예들이다. 수많은 지원자 중에서 선발한 15,000명의 정예 군인들은 형제국가인 한국전쟁에서 피를 뿌렸다. 한반도의 전장에서 피를 뿌리고 고국의 달과 별을 그리며 명예롭게 죽어간 젊은이들이다. 터키 국기는 붉은 바탕에 떠 있는 별과 달을 그려, 피를 명예로 표현한 국기이다.

2002년 서울 월드컵에 터키가 참가국이다. 터키는 1차전에서 최강 브라질과 맞붙었다. 1차전은 한국 심판의 오심으로 터키가 2 : 1로 분패하였다. 2차전에서 코스타리카와 비겨 탈락 위기에 처했다. 축구 강국 터키 국민은 배은망덕으로 여겨 한국에 대한 분노가 극에 달했다. 동맹의 역사는 언론을 통하여 한국민들의 자성의 계기가 되었다. 예선 마지막 터키와 중국전은 중국인의 분노를 불러왔던 터키에 대한 일방적 응원이었다. 응원에 힘입은 터키는 중국을 3 : 0으로 물리쳤다. 본선에 오른 터키는 일본까지 16강 경기에서 이겨주었다. 터키와 한국은 나란히 8강을 거쳐, 4강에 올랐다. 3, 4위 결정전에서 맞

붙은 두 나라의 경기는 전 세계에 중계되었다.

2006년 독일 월드컵 대회 예선전에서 터키가 탈락했다. 본선에 참가한 한국의 예선전 상대는 프랑스와 토고, 스위스였다. 독일에 살던 터키 교포와 이웃에 살던 본토 국민들은 한국팀 응원을 위하여 독일까지 원정 응원을 하게 되었다. 중국 역사서에서 동이족(한국)과 돌궐(터키)은 흉노라고 불려졌다. 유전학적으로 몽골리안에 속하는 투르크족은 한국과 마찬가지라고 한다. 터키의 역사교과서는 한국을 형제국가로 표기했다고 한다.

전쟁터에서 싸우다 죽어가는 것을 명예스러워하는 민족은 투르크 민족이다. 수천 킬로 떨어진 한국전의 파병이 학생들의 요청에서 이루어진 것이라고 했다. 터키의 국부 아나트뤼크(케말파샤)는, 박정희 대통령의 롤 모델이다. 혈맹의 역사는 과거와 현재, 미래를 향하여 이어지는 셈이다.

터키만 생각하면 지천으로 널려있던 유물이 떠오른다. 트로이목마, 보스 포러스 해협. 끝없이 펼쳐지는 밀밭, 아편, 기독교의 성지 소금 호수가 떠오른다.

터키는 아내와 다시 가보고 싶은 여행지로 정했다.

정령치와 만리장성

"사람이 크면 서울로 보내고 말은 제주도로 보내야 한다."는 말을 자주 들었다. 그러나 선친과 오붓한 여행 경험은 하나도 없다. 침을 맞히려던 아버지의 등에 업혀 의원 할아버지에게 간 기억만 떠오른다. 선친은 초·중·고·대학의 아들 졸업식에 한 번도 나타나시지 않았었다. 결혼한 후로 아들 집에 자주오신 아버지와 여행 한 번 가지 못한 점이 지금도 아쉽다.

결혼을 앞둔 딸들과 함께하는 모녀 여행은 필수가 되었다. 새로운 삶과 헤어짐에 대한 아쉬움, 엄마의 경험과 지혜를 전수 받는 모녀가 함께 하는 힐링의 여행이다. 아쉬운 선친과 이별 때문에 아들과 여행은 아버지들의 로망이기도 하다. 아들의 어린 시절부터 설악산과 계룡산, 북한산과 토함산, 지리산, 덕유산까지 두루 다녔다.

그러던 아들이 고등학교 진학 때부터 아들과의 여행은 쉽지 않았다. 대학생이 되면서 부자의 대화 기회도 자꾸만 줄어 든다. 입대 전

아들과 중국 여행을 가자고 했으나 친구들과 어울렸다. 그래도 아들과의 중국 여행 꿈은 버릴 수 없었다. 어느 가족의 자녀 대학입학 축하 여행을 하던 일행과 함께했던 태국 여행이었다. 의사 부모를 둔 자녀들은 부모와 함께 하는 여행에 불만을 표하였다. 꺼림칙한 경험이 있었지만, 조심스럽게 제대한 아들에게 만리장성 관광을 제안하였다. “장성에 오르지 않으면 사내가 아니다.”라는 경구를 들먹이며 떠난 여행이었다.

아들과의 중국여행은 행복하였다. 만리장성과 예술촌, 자금성과 이화원, 명대 왕릉과 박물관 등 두 번째 방문으로 알게 된 아빠의 설명에 만족해하던 표정이 보기 좋았다. 성년이 된 아들과 술도 마시고, 같이 자고, 호텔 로비에 같이 있다는 사실만으로도 즐거운 여행이었다.

오랜만에 새벽에 아들을 깨워 지리산 노고단으로 무작정 차를 몰았다. 이른 새벽 출발은 떠오르는 태양을 같이 보기 위함이었다. 취업 걱정 때문인지 곱던 얼굴이 30대의 아저씨처럼 보인다. 정령치에서 내 또래에 등산객이 인사를 건넸다. “아들과 새벽 여행하는 모습이 보기 좋습니다.”

대학 졸업과 동시에 결혼과 생계를 책임질 아들 어깨는 젊은 시절 내 모습과 닮아 보였다. 품에서 떨어져 나간 분신이 취업이 확정되면 부자간 여행을 떠날 행복한 상상에 설레던 아침이었다.

아름다운 길

계절이 비켜가는 계절이다. 만산홍엽도 함께 보면 즐거운 친구가 있다. 이맘때면 가보고 싶은 선운산과 강천산이다. 평지의 호젓한 산길에 단풍은 꽃보다 아름답기 때문이다. 자주 다닌 길이지만 진흥굴과 장사송, 도솔암도 못 보고, 참당암 갈림길 근처에서 되돌아섰었다. 사회에서 만난 친구는 뇌졸중 투병 중이다. 도솔천 따라 가는 산책길에는 낙엽처럼 흩어진 친구들을 생각나게 한다.

수술을 앞둔 친구 아내는 '아름다운 길과 사람'이란 곳에서 주관하는 여행을 떠나자고 했다. 경남 산청 남사리 고담촌과 하동에 있는 청학동을 걷는 여행이었다. 어느덧 예순을 넘어선 4명 모두는 순환기 환자이다. 가을 여행을 떠나는 배에 승선하듯 설레는 마음으로 버스에 올랐다. 버스가 출발하자 인사말은 시낭송이었다. 윤동주 시인의 〈별 헤는 밤〉이었다.

"계절이 지나가는 하늘에는 가을로 가득 차 있습니다." 첫 구절 낭송부터 길 떠나던 여행객의 가슴을 흔들었다. "가슴속에 하나 둘 새겨지는 별을 이제 다 못 헤는 것은 쉬이 아침이 오는 까닭이요, 내일 밤이 남은 까닭이요, 아직 나의 청춘이 다하지 않은 까닭입니다." 하는 구절에서는 가슴이 턱 막혀오는 느낌을 받았다. 별 하나의 추억에 서린 친구와 어머니에 대한 안타까움이었다.

경남 산청 남사리 고담촌은 '한국에서 가장 아름다운 마을 제1호'로 2011년 지정되었다고 한다. 예담촌은 오래된 담장이 문화재로 지정된 특이한 마을이다. 곽씨, 이씨, 정씨, 최씨, 황씨 등 여러 성씨가 사는 마을을 천천히 돌아보았다. 구수한 입담으로 진행하는 문화 해설사 설명이 너무 좋았다. 조선왕조 고관들이 숨어 들어온 미을의 후손에 대한 삶을 생각해 보는 계기가 되었다.

정치란 혈육과 스승까지도 정적으로 몰아가는 무정한 세계였다. 개성에서 살았던 정몽주 후손들이 낙향한 마을이었다. 남사리는 전주이씨의 본향 오목대와 연관이 깊었다. 황산에서 왜구를 토벌한 이성계는, 전승연에서 역적을 소탕한 유방이 고향 패현에서 〈대풍가〉를 오목대에서 불렀다. 연회장에서 빠져나온 정몽주는 남고산 만경대에서 사령관과 다른 시각의 우국 시詩가 화근이 되었다. 〈대풍가大風歌〉와 〈하여가何如歌〉, 〈단심가丹心歌〉로 이어진 대정치가들의 호방한 시심이 불러들인 사단이었다. 정몽주 후손들이 남사리에 살게 된 원인이 전주 오목대로부터임을 해설사에게 귀띔해 주었다.

경순 공주의 남편 개국공신 이제의 가문이 깃든 마을이기도 했다.

조선왕조의 3대 왕 태종은 왕권을 차지하기 위하여 혈육의 정을 포기했으나 형인 회안대군에게는 전주에 사는 것을 허락하였다. 그러나 신진사대부는 정몽주 제거에 이어 정도전과 차원부를 제거하였다. 태조가 서거하자마자 회안대군에 이어 그의 아들까지 독살하였다. 개국공신 회안대군이 내려와 살았던 봉동과 유택이 남은 금상동 또한 남사리와 같은 운명의 마을이었다.

한옥 음양 이치를 문화해설사를 통하여 알게 되었다. 주택의 기둥과 기와, 우물터의 구성과 동전의 형상은 음양철학이 녹아든 산물이었다. 〈구지가〉를 이용한 솟을대문의 시정장치 또한 음양을 이용했다는 설명이 머릿속에 쏙 들어왔다. 전통 가옥 배치와 출입문과 창, 본채와 안채 문간채와 화장실, 굴뚝의 배치 또한 생활의 지혜였다. 담쟁이 담장 대문에 달린 빨간 우체통은 가을엔 편지를 쓰라는 전령 같았다.

점심은 마을 입구에 자리 잡은 한옥 식당에서 비빔밥이었다. 마을 노인들이 만들어낸 비빔밥은 전주비빔밥에 비하면 재료가 빈약하였다. 첩첩 산중에서 맛의 대명사 전주비빔밥 맛을 기대하는 것 자체가 연목구어 아니겠는가?

40여 분 달려 지리산 청학동에 도착하였다. 우리나라의 시조 한인, 환웅, 단군을 봉안한 삼성궁 도로는 소풍 행렬로 옴짝달싹할 수 없도록 막혀 있었다. 걸어 들어간 경내에는 수많은 돌탑과 성곽이 다른 세상에 들어온 듯 착각을 들게 하였다. 걸음걸이가 부자연스런 친구와 보조를 맞추며 천천히 걸었다. 산 중턱에 있는 담수호의 물고기도 산처럼 고요하게 유유자적한 모습이었다.

가는 길마다 맷돌, 다듬잇돌, 절구통이 돌탑 사이에 끼어 있었다. 마고성 가는 도중 암벽 간간히 장승과 치우천왕, 국적 불명의 조형물도 보였다. 신령스런 검달길 옆에 나무를 얹은 너와 지붕이 세파에 찌든 눈을 쉬게 했다.

돌담길을 걸어가다가 유행가를 합창하였다. "돌담길 돌아서며 또 한 번 보고, 징검다리 건너갈 때 뒤돌아보며 서울로 떠나간 사람……." 푸른 하늘 아래 동병상련의 친구 가족과 유행가를 합창하며 걸어갔다. 고개 길을 넘어서자 건국전이 보였다. 천왕봉 자락에 자리 잡은 목조 건물 방안에 걸려 있던 삼성들의 초상화는 크로키처럼 스치듯 지나쳤다. 돌담길을 돌고 돌아 청학이 내려앉은 마을로 되돌아 나왔다. 옹기마당에 내려 작은 폭포 앞 정자에서 막걸리 한 사발로 목을 축였다. 청학동 서당으로 유명해진 몽양당을 혼자 내려가 살펴보고 버스에 올랐다. 아름다운 길을 친구와 함께 걸으며 지난 삶을 반추해본 시간 이었다. 끝이 보일 듯한 인생의 여정에서 아름다운 길을 걸었던 하루였다.

유유상종이라던가? 동행하였던 여행객들은 투명인간들처럼 너무나 조용했다. 빈틈없이 지키는 여행객들의 시간 약속이 흠잡을 데 없는 행복한 여행이었다. 아름다운 인생길을 걸어가는 사람들처럼, 남은 생도 그랬으면 좋겠다.

세부 유감

필리핀 막탄섬 세부를 여행했다. 추석연휴였다. 여름 감기로 입술과 코밑이 불어터진 상처가 남은 채였다. 여름휴가를 미룬 3박 4일 여행은 처음부터 삐걱거렸다. 10월 연휴를 앞둔 목요일 8시 비행기를 타기위해 점심을 넘긴 12시 30분 리무진을 탔다. 패키지 여행에 익숙했는데 스스로 찾아가는 여행은 발권부터 어려웠다.

도착한 세부의 숙소는 멋진 해안과 달리 시내에 자리 잡은 주택이었다. 여장을 풀고 들어간 샤워장에서 새끼 도마뱀이 나왔다. 실내까지 들어온 불청객 도마뱀이 있었다. 불면증이 있던 아내를 위해 신속하게 밟아 죽였다. 아침 밥상에서 앞방에 묵은 일행은 숙소 천장에 도마뱀이 있다고 알려 주었다. 천장 복도에 도마뱀 한 마리가 그림처럼 납작 붙어 있었다. 나는 뱀만 보면 어린 시절부터 죽이는 것이 습관처럼 굳어져 있다. 죽이려고 도구를 찾던 나를 향해 아내는 어제 죽인 새끼를 기다리는 어미일지 모른다며 만류하였다. 도마뱀은 내가 묶었던 출입문에 시선을 고정시킨 채 미동도 없었다. 이틀간 화석처럼 굳어 있던 도마뱀은 어느 틈에 사라졌다.

앞마당 풀장에서 맥주를 마시며 수영도 즐기면서 휴식을 취했다. 바닥이 훤히 드러난 바닷가에서 요트를 타고 호핑 투어와 스노클링도 해 보았다. 스노클링 후에 찾아간 시푸드 요리는 정갈했다. 5인조 악사들이 식사 테이블마다 돌아가며 불러주는 노래 덕분에 오찬의 즐거움에 흥이 더해졌다. 종업원들의 착한 눈빛과 미소가 더없이 친절하고 정중하였다. 흥이 많은 아내와 일행들은 희망곡을 신청하여 연주에 따라 합창을 하며 유쾌한 시간을 보냈다.

바다에서 놀던 피로는 전신 마사지를 받으며 풀었다. 현지 과일가게를 찾아가 필리핀의 3대 과일을 몽땅 샀다. 망고와 망고스틴, 호랑이도 좋아한다는 두리안이다. 낱개로 먹기 쉽도록 포장한 두리안을 들고 차에 오르자 방귀 냄새가 난다며 코를 잡는 일행이 나타났다. 속살만 포장 봉투에 밀봉했는데 차 안에서 두리안 특유의 냄새가 진동하였다. 못 참던 일행 한 사람이 똥을 버리라고 소리쳤다. 냄새에 질린 사람들은 두리안에 손도 대지 않았다. 고소한 풍미를 모르는 일행들 덕분에 두리안 과일은 내 몫이 되었다.

3일째 들른 성당에는 마젤란 크로스와 12사도의 조각상이 몇 년 전에 들렀던 마닐라 대성당과 비슷한 구조였다. 마약사범을 즉결 처단하는 두테르테 대통령에 공포정치에 여행을 만류하던 사람도 있었다. 그러나 우려와 달리 막탄섬 세부는 평온해 보였다. 타국민의 우려와 달리 웅장한 성당 안에 미사포를 쓴 신자들의 조용한 기도와 순례자들의 발길이 머무는 평화로운 섬이었다. 임진왜란이 벌어지던 시기에 필리핀에 상륙했던 마젤란은 침략자였다. 미국의 팽창주의를 배격하는 필리핀 두테르테 대통령은 독재자이다. 한국의 삼청교육대처럼 즉결 처단하는 독재 공포통치를 필리핀 대수 국민이 지지한다고 했다. 독재정치가 판을 치던 한국에서도 삼청교육대와 유신통치도 한때는 지지를 받았었다. 구국의 정치행위일지 공포정치일지는 후세의 필리핀 국민들이 평가할 일이다.

마지막 날에 백화점에 쇼핑을 갔다. 10월 달임에도 때 이른 크리스마스트리가 설치되었다. 필리핀은 크리스마스와 부활절이 최대 명절이라는 설명을 듣고 눈요기만 하고 나왔다. 막탄섬 세부의 외곽은 1960~70년대 한국의 빛바랜 농촌 같았다. 포장이 안 된 시골 도로마다 스콜 물웅덩이가 있어 도로가 엉망진창이었다. 도심의 간선 도로 공사판에는 옷을 벗어 던진 작은 체구의 인력들이 땅을 파고 있었다. 차가 멈추는 곳마다 여기저기 손을 벌리는 애절한 눈빛의 도움 요청이 난감하였다. 먹거리 부족한 섬 주민들의 생존 모습이 애처로웠다. 눈앞에 보이는 소와 염소, 유기견들도 갈비뼈가 앙상하였다. 그러나 흙먼지 풀풀 나는 지푸니에 가득한 사람들의 해맑은 눈동자가 더 안쓰러워 보인다.

귀국길에 인천 부산 등 직항 노선이 늘어난 막탄공항 대합실은 마치 인천공항처럼 한국인들로 가득찼다. 여행은 다시 가고 싶은 곳이 있는가 하면, 다시는 가고 싶지 않은 곳도 있다. 마닐라와 팍상환, 따까이호수와 활화산관광에서 보았던 아름다움도 허상으로 보였다. 애절한 눈빛에 손을 내미는 절박한 사람들에게 필요한 것은 무엇일까?

빈부 격차 해소에 목숨을 건 두테르테 대통령과 퇴임 이후를 위해 설립한 용(미르) 재단을 만든 한국의 대통령이 대비되었다. 대기업 강제 모금의 반대급부는 무엇으로 충당할까? 시내 백화점의 마른 망고 한 봉지 가격보다 막탄공항 면세점 가격은 3배 비쌌다. 한국의 재벌기업만 신청한 면세점기업들의 기부금은 무엇으로 충당할까? 김영란법으로 밥값까지 제한한 뉴스를 생각하며 귀국길에 올랐다.

1950년대 부국 필리핀은 부패로 인해 가난해진 국가다. 부정부패 사건으로 시끄러운 고국에 대한 교민 가이드의 우려는 생각보다 깊었다. 일본과 미국의 국익을 위한 사드배치가 위정자들이 속임수라는 사실을 필리핀 교민들도 알고 있었다. 가난한 국가로 추락한 필리핀의 전철을 밟지 않을까 우려했던 세부여행이었다.

동병상련의 나라

베트남의 축구 영웅 박항서 쌀딩크가 2018년 한국의 자존심이었다. 2002 한일 월드컵 4강에 비교되는 스즈키 컵 우승 때문이다. 스즈키 컵, 청소년대회에 준우승, 아시안컵 8강에 오른 것이다. 전범기업 스즈키사가 제정한 우승컵이지만 동병상련의 베트남에 최대의 기쁨을 안겨준 결과이다. 1,000년의 역사를 가진 TANG LONG은(용이 승천한다는 뜻) 베트남 수도 하노이에 2002년 11월 18일 하이퐁산업박람회 참관단으로 방문하였다. 남북으로 갈라졌던 월남땅에 한국군 파병은 1960년부터였다. 미국과 싸운 월맹과 전쟁에 32만 명이 참전하여 한국군 5천 명의 전사자가 발생하였다. 파병이 절정을 이루던 1960년대 후반이었다. 초등학교 학생들도 애향단에 소속되어 줄을 지어 등교하였다. 그대 부르던 군가는 〈월남의 달밤〉, 〈맹호부대 용사〉였다. "십자성 저 별빛은 어머님 얼굴"이란 노래는 파병 군인들이 죽어가면서 부른 노래였다. 이런 상념에 잠기어 있을 때 노이바이 공항에 도착했다. 잿빛 하늘에 가랑비 내리던 밤이었다.

대우건설이 시공한 시내 중심 최고급호텔에 여장을 풀었다. 화창한 아침에 내려다본 창밖으로 강물은 용이 꿈틀거리는 듯 아스라한 하늘과 맞닿아 있었다. 신호등 없는 사거리, 3차선 로터리로 오토바이와 자전거, 시클로 무리의 흐름이 강물처럼 이어졌다. 아침의 나라, 베트남 시내도로는 교통사고가 날 것만 같이 아슬아슬하고 빽빽한 상태였다. 끝없는 행렬에 넋을 놓고 바라보았다.

호안키엠 호수와 서호 사잇길 따라 둘러본 도심은 호젓하였다. 오랜 세월 동안 융성했던 참파왕국은 한반도 백제, 고려때부터 교역국이었다. 호치민 광장으로 연결된 도로변에는 빛바랜 프랑스풍 건물이 눈에 띈다. 호치민 광장은 크기나 분위기가 중국 천안문광장, TV로 본 김일성광장과 비슷하였다. 조선시대에 건립된 조선총독부와 프랑스 식민치하에 축조된 베트남 대통령 관저가 비교되었다. 피지배국가의 설움을 이겨낸 건축물에서 동질감이 느껴졌다. 언젠가는 갈라진 남북한이 베트남처럼 통일이 될 것이다.

3일째는 유네스코에 등록된 하롱베이로 통하는 180km 고속도로에 들어섰다. 고속도로에도 오토바이가 끼어들었고, 속도는 50킬로미터 내외의 저속도로였다. 차창으로 보이는 대평원, 호수 주변에 풀을 먹는 소들이 한가로운 전원 풍경이었다. 터질 듯 빵빵한 무소와 황소의 몸통이 크기도 하였다. 원추형 삼각 모자를 쓴 농민들은 야자수와 어우러져 사진 속 풍경처럼 평화롭게 보였다.

HA LONG(하롱)이란 용이 내려온 곳이라는 뜻이란다. 하롱베이만은 섬들이 수초처럼 촘촘하게 붙어있는 잔잔한 바다였다. 호수처럼 물안개 자욱한 하롱베이 바다의 선경 속으로 유람선은 파문을 그리며 나아간다. 3천여 개의 섬으로 둘러싸인 섬 중에서 천궁이라는 석회암동굴로 들어갔다. 백두산 천지와 닮은 호수 안으로, 모선에서 분리된 전마선으로 이동했다. 썰물 때만 나타나는 동굴 속으로 들어갔다. 동굴 안에 펼쳐진 별천지의 호수가 칼테라 호수인 백두산 천지와 같은 모습이었다. 이름 모를 꽃과 열대수림이 거대한 암벽을 감싸고, 바닷물에 뿌리를 내린 생명력에 탄성이 쏟아졌다. 파도에 씻긴 암반과 자연경관이 만들어낸 비경 속에 감춰진 비경이었다. 밀물과 썰물에 씻기어 매끈해진 암벽과 동굴을 바라보며, 영겁의 세월이 만들어준 숨겨진 신비에 할 말이 없었다. 대자연에 비하면 우리 삶은 하루살이 불과하다는 상념이 들었다.

유람선 옆으로 대바구니를 탄 소녀가 다가와 '원 달러'를 외치며 과일을 내밀었다. 다람쥐처럼 배에 뛰어오르던 아이에게 바나나를 사주지 않을 수가 없었다. 유람선 선상에서 5kg 남짓한 활어 돌돔 값이 한국의 반값이었다. 선상 홍정으로 친구가 구입한 돌돔회 맛이 찰졌다. 한국여행객들 때문에 턱없이 오른 가격이라지만, 꽃게를 덤으로 받은 환상적인 선상 파티였다.

마지막날 숙박은 엘지건설에서 신축한 하이퐁의 대형 리조트였다. 감기몸살이 도져 야간 여행에는 빠졌다. 방안 온도를 높이려고 스위치를 찾아 한참 동안 돌아다녔다. 방안 히터 시설이 없는 베트남의 혹한 기준은 영상 7도라고 했다. 혹한이었던 그날 밤 동사했다는 뉴스를 보면서 불면의 하룻밤을 '아리랑TV'를 시청하였다. 리조트 내의 세탁기, 화장실, 욕조까지도 모두 LG 전자제품 일색이었다. 조성된 수영장, 골프연습장, 주차장까지 한국 시설과 다름없었다.

여행 목적인 박람회 현장은 시골 장터처럼 허름하고 조악했다. 전시된 상품은 70년대 한국 상품처럼 품질과 포장 수준이 열악했다. 한국기업과 합작을 통한 베트남 시장 진출은 희망적으로 보였다. 박람회장을 두루 살펴보았어도, 전시품 중 눈에 들어오는 상품은 없었다. 엑스포와 월드컵 개최국가의 시찰단 안목에 간이천막 박람회장은 눈높이 수준 이하였다. 관람한 인형극은 중국에서 보았던 인형극과 대동소이한 구성이었다. 관운장 사당과 만두 역사의 유래로 알게 된 중국 문화의 아류라는 느낌이 들었다.

귀국길의 도로 양쪽에 성냥곽 모양의 직사각형 작은 주택 공사가 한창이었다. 도이모이(개방) 현장은 한국의 새마을운동을 본뜬 것이다. 베트남 땅에 도착하던 날 내리던 밤비는 출국하던 날에도 이어졌다. 이륙한 여객기 창문으로 보인 하노이 시가지의 희미한 불빛이 빗물에 아롱져 촛농처럼 흘러내렸다.

서호 관광지에서 보았던 라이따이한과 전쟁 당시 팔다리가 잘려나간 장애 상인들의 애절한 눈길이 떠올랐다. 중국과 프랑스, 미국과의 전쟁에도 굴복하지 않았던 국민성, 용을 사랑하는 베트남은 한국과 비슷하다. 월남 전쟁은 한국 경제발전의 교두보가 되어 선진 한국의 원동력이 되었다고 한다. 남북 분단의 상처를 먼저 극복한 통일국가 베트남도 도약 단계에 들어서는 중이었다. 지난밤 뜬눈으로 새우고 감기약을 먹고 나니 졸음이 밀려왔다.

동병상련의 베트남, 아시아의 큰 용으로 성장하기를 바라며 눈을 감았다.

2003년 《전주상공》에 실린 기행문

사돈과의 여행

"사돈 남 말 하듯이"라는 속담처럼 혼인으로 맺어진 인척, 사돈 사이는 어려운 관계이다. 딸은 사위와 함께 친정어머니와 시어머니를 모시고 유럽 여행을 떠났다. 남자 사돈끼리 주말을 이용하여 시안여행에 나섰다. 혼인으로 가까워진 양가는 속담과 달리 지인들처럼 편하게 만나는 사이다. 시안 여행은 중국여행의 마지막 여행 코스라고 한다. 코리아가 고려로 알려진 것처럼 차이나도 진나라에서 유래한 국호이다. 중국역사의 백미 진시왕릉과 중국 문화의 보고 장안을 선택한 이유였다.

패키지 여행은 전국에서 모여든 불특정한 여행객들이 함께하는 것이다. 공항 여행사 카운터에 도착하니 여행 인솔자로 나를 지정했다. 사전 동의한 사실도 없었는데……. 여행객들 속에 VIP 여행객들이 3명과 나이 많은 일행이었다. 일행 중 VIP 통로를 이용, 먼저 심사대를 통과해 버린 그들로 인해 진땀이 났다. 설상가상 시안 공항에 도착 입국수속 도중에 나이 드신 한 분이 통로에서 넘어져 절룩거렸다. 진시황릉을 보기 위해 오신 분은 칠순을 넘긴 나이였다. 다음날 아침 비행기로 되돌아가신 분의 치료비와 여행비는 보험 처리된다고 했다. 첫 번째 관광지는 고대 유럽으로 통하던 실크로드 시작점이었다. 실크로드 개척자 장건의 조각상을 보고, 《삼국지》에 나타난 현장법사의 사리가 안치된 대안탑 관광지를 돌아보았다. 이어 찾아간 섬서 박물관의 유물은 타이베이 중정박물관과 베이징의 국립박물관에서 보았던 유물들이었다. 섬서 박물관은 진나라와 당나라의 값진 보물로 가득하였다. 동서 교류가 가장 활발했던 고대의 유물이 눈길을 사로잡았다.

해 질 무렵 이슬람문화를 간직한 회족들의 야시장에 들렀다. 양꼬치, 해물, 건과류와 비단이 전시된 상가 길목은 인산인해였다. 시안 여행 3일 전에 갔던 대만의 야시장과 비교할 수 없는 대규모 시장이다. 회족들의 양꼬치 굽는 냄새에 이끌려 꼬치를 먹기도 했다. 덕발장 교자연은 만두로만 된 백교백미라고 했다. 열네 가지 교자에 담겨 나온 만두는 너무 많았다. 대륙의 푸짐한 양은 1/4도 먹지 못하고 버려지는 쓰레기가 걱정되었다.

진시황릉은 38년 동안 72만 명이 동원된 토목공사였다고 한다. 비밀유지를 위해 4만 명 노동자를 생매장했다는 유물이기도 하다. 병마용 유적지 규모는 경복궁 전체 규모보다 더 넓게 보였다. 2250년의 비밀 속에 드러난 웅장한 토목공사가 불가사의한 일이다. 중장비를 동원한다 하더라도 수십 년이 걸릴 대역사로 보였다. 진시황을 위해 죽어간 그 시대의 백성들 표정을 병마용에서 보았다. 각자 다른 표정 병마용을 보면서 시대를 초월한 동시대의 아픔이 전해온다.

천하 절세미인이라던 양귀비 유적이 남아 있는 화청지에 갔다. 당나라 이융기와 화려했던 로맨스는 목욕탕을 둘러보며 당시의 상황을 그려보았다. 며느리를 빼앗아 "하늘에서는 비익조比翼鳥가 되고, 땅에서는 연리지連理枝가 될지이다."라고 맹세한 현종이다. 당나라 양귀비와 예종의 둘째 아들 제안대군 집에서 발탁된 장녹수와 연산 임금의 흥청망청은 닮은 역사였다. 이유 없이 죽어간 민초들의 신음소리가 시끄러운 중국 관광객 소음 앞에서 달아난다.

자연과 공간을 활용하는 대륙의 야간 공연 스케일은 장대했다. 사돈과 대륙인들의 생활 모습을 살펴보기 위해 자유여행을 택했다. 서안의 시민들은 베이징과 상하이 시민과 달리 소박하고 자유분방해 보였다. 화장실을 가고 싶어 화장실을 물어보았다. 세수간, 토일렛, 워시 핸드라고 물어도 웃기만 할 뿐 고개를 저었다. 편의점에서 아이스크림을 사면서 알아낸 공중 화장실에 가 보니 예전과 달리 깨끗해졌다.

해가 지면서 가로등에 불이 켜지자 화청지의 드넓은 광장에는 순식간에 시민들이 모여들었다. 봉술, 검술, 생활 체조 등 몇 십 명에서 수백 명씩의 집단이었다. 수준 높은 무술단체와 수백 명씩 모인 체조 그룹과 자녀와 함께하는 가족단위의 집단 활동이 자유로워 보였다.

분단국가의 학습으로 공산주의란 모든 것이 통제된 사회로만 알았던 잘못된 인식이 부끄러웠다. 한국 가요가 흘러나온 곳에서 발길이 멈췄다. 생활체조 발표회장에 참석한 경험으로 뒷줄에 서서 율동을 따라 했다. 시민들이 모두 웃으며 반겨주었다. 한국의 〈아름다운 강산〉 노래에 맞춘 체조는 만국의 공통된 언어와 몸짓이었다.

화청지는 장개석 국민당 총통이 휴식을 취하기 위해 찾아온 장소라고도 했다. 공산당과 전쟁도중 장쉐량의 총구에 놀라, 맨발 잠옷 바람으로 도주하다가 생포당했다던 화청지 뒷산에는 케이블카가 다녔다. 양귀비와 당 현종의 사랑 이야기 공연은 케이블카가 다니는 뒷산을 배경으로 한다. 천하 영웅이 도주했던 산을 화면 무대로 사용하는 대륙의 스타일에 입이 쩍 벌어졌다.

양귀비는 25세에 당 현종의 며느리로 만나 13년을 함께한 167센치의 키에 71킬로의 비만형 여인이다. 미인과 함께 온 수행원들의 목욕까지 수발했던 서안의 민초들을 삶을 그려보다가, 한반도로 출정한 소정방을 떠올렸다. 그가 전리품으로 챙긴 백제의 유민들이 목욕탕 공사에 동원되지는 않았을까? 소정방은 660년 8월 15일 부여의 백제 석탑에 전공을 새긴 날이다. 제주도의 정방 폭포 또한 당나라가 남긴 전쟁역사의 흔적이었다. 신라와 당나라의 연합국에 패전한 백제의 의자왕과 태자 효, 대신 등 12,807명의 포로가 잡혀간 백제의 슬픈 역사를 뒤늦게 알았다. 서안은 포로로 잡혀온 백의민족의 피가 흐르는 지역이기도 하다. 그 후손들의 유전자도 세월 속에 동화되어 중국화

되었다. 서안에 오고 나서 세월호 사건이 벌어졌던 와중에 돌아가신 선배가 떠올랐다. 서안의 ○○전자 제품 공장을 M&A하려던 고향 선배는 이 세상을 하직하였다. 부동산을 담보한 투자실패로 세월호 사건이 벌어진 시기에 삶을 마감하였다. 백제 땅에서 태어나 장안의 수천억 기업을 포기한 선배의 명복을 빌었다.

패전국가의 유민들이 잡혀온 서안에는 한국 대기업이 터를 잡았다. 3일째는 중국의 오악 중 으뜸인 화산 관광을 선택했다. 전주에는 화산을 본뜬 중화산동이라는 지명이 있다. 한반도에는 중국의 지명과 동일한 마을과 도시 촌락은 헤아리기조차 어려웠다. 천리 타향에서 되돌아온 유민들이 붙인 이름이 아닐까 하는 싱싱도 해보았다. 중화산동 또한 중국에서 따온 지명이라고 생각하여 화산은 꼭 오르고 싶었던 산이다.

대륙의 산과 크기는 상상을 초월했다. 화산 정상으로 가는 곤도라는 프랑스 기술진이 최근에 설치한 시설물이란다. 높은 산 전체가 화강암인 산악을 조망하는 곤도라는 소음도 없이 빠른 속도로 올라간다. 미끄러지듯 올라가는 곤도라의 속도감과 공중에 매달린 아찔함으로 아드레날린이 분비되었다. 고소공포증이 있는 사돈 얼굴이 창백해졌다. 산정에 걸친 운무와 연꽃처럼 늘어선 암 봉의 장관을 가슴속에 남겼다. 고소공포증을 이겨낸 사돈과 하산 길에 웃음꽃을 피웠다.

사라진 그리스 신화

터키 남단 체스메 항구에서 오후 6시 배를 타고 그리스섬 히오스 항구까지는 1시간 남짓 걸렸다. 모처럼 맛본 삼겹살처럼 두터운 베이컨을 안주 삼아 마신 보드카와 맥주 맛에 반한 행복한 시간이었다. 1923년 로잔 조약에 터키는 동로마(콘스탄티노플)를 얻고 해상국가 그리스는 터키 연안 섬을 국토로 편입하였다. 이슬람 국가에서 금기시된 삼겹살 파티는 인간 심리의 오묘함을 느낀 히오스 만찬이었다.

터키 연안을 바라보며 산책하다가 블루스타 페리호에 승선하였다. 여장을 풀고 침대에 누운 밤 11시에 출항하였다. 부산-후쿠오카를 오가는 여객선보다 큰 여객선 로비에서 이방인임을 깨닫게 된 것은 피부가 다른 대부분 승객들 틈에서다. 화려한 선실 안을 거쳐 올라간 2인용 선실은 작은 호텔 객실 같았다. 추석을 넘긴 보름달이 객실 창에 밝게 다가왔다. 출렁거리는 바닷물에 흔들리는 달빛 속으로 고향 본가의 모습이 아롱진다. 형제들이 모여 오순도순 이야기하는 고향을 생각하면서 에게해에서 잠이 들었다. 침대에서 일어난 새벽, 희미하게 보이던 불빛이 눈앞에 보였다. 선박왕국, 아테네 피리우스 항구는 크고 작은 배와 요트가 빼곡하게 정박되어 있었다. 테러가 발생한 이후 이스탄불 보스포러스 해안을 피항한 크루즈 유람선이 피리우스 항구로 옮긴 듯하다.

벤츠 버스에 올라 아테네 중심가의 한식 음식점에 내렸다. 5일 동안 빵과 치즈만 먹다가 쌀밥과 김치, 깍두기, 육개장을 보니 식욕이 당겼다. 반찬은 무한대로 제공한다는 주인장 말이 더없이 반가웠다. 여섯 테이블에서 "김치와 깍두기 추가" 소리가 이어지는 행복한 아침이었다. 잘 익은 김치를 아낌없이 내주신 주인장의 호의에 소주와 커피까지 마셨다. 커피는 2유로, 소주는 2만 원 가격대였다. 9시에 파르테논 신전이 보이는 아크로폴리스에 도착하자 그늘 밑은 서늘하였다. 6대주에서 몰려든 관광객 사이로 볕이 들면서 한기는 사라졌다.

구름 한 점 없는 창공 아래 태양빛에 반사된 회백색 신전은 석굴암처럼 신비롭게 보였다. 3천 년 전에 세워진 거대한 건축물은 전쟁 중에 파괴되었다고 한다. 보수 공사 중인 신전은 골조형상이 완성에 가까운 공정이 진행되고 있었다. 신전 오른쪽 오르막길 옆에는 음악가들의 꿈의 무대인 야외공연장이 보였다. 공연을 위한 조명시설과 음향장비가 그대로 남아 있었다. 고대부터 지켜온 공연장은 음향을 통하여 똑같은 장소에서 고대와 현대를 선율로 이어주는 명당이었다. 사방이 탁 트인 언덕에서 바다를 조망하며 음향에 취한 그리스 국민이 한없이 부러웠다. 아크로폴리스의 공연실황을 DVD를 통해서 본 적이 있다. 파바로티와 피아노 연주가 야니, 조수미의 공연실황이었다. DVD로 보던 멋진 영상과 감동의 현장을 보았다는 사실이 꿈만 같았다. 시간과 공간을 초월한 음악이 지구상에 남아 있던 유물과 함께 전 세계인에게 감동을 준 현장을 나는 보았노라. 파르테논신전에 대한 건축기술의 기법에 대하여 알게 되었다. 종합건설 대표인 건축전문가 베드로의 설명으로 쉽게 이해되었다. 유네스코 문화유산 보물 제1호 건축물로 지정한 이유에 대하여 고개가 절로 끄덕여졌다. 역사책에서만 보던 유물을 바라보며, 건축기술의 교본이라는 설명을 듣고 보니 더욱 찬란해 보였다. 이러한 유적을 둘러보러 올라온 아크로폴리스 언덕은 인종들의 전시장처럼 북적거렸다.

아테네 시청사 앞에는 근위병들의 교대시간에 맞추어 시청 앞에 내렸다. 터키와 국경을 맞댄 그리스 군인들의 의무 복부기간은 1년이라고 한다. 필자의 군복무는 34개월이었다. 아들은 24개월 최근에 군복무 기간은 20개월 이내로 줄어든다고 한다. 헌칠한 근위병 근무교대 모습을 보면서 중앙청 광화문에서 근무하던 군인 시절이 떠올랐다. 서너 시간 빳빳한 자세로 서 있을 때 몸이 시큰거리고 저려오던 때가 있었다. 청사 앞에 마네킹처럼 서 있는 근위병들의 관절이 걱정되었다.

집시들이 득실거리는 아테네에서 소매치기를 조심하라는 가이드의 주의를 잊고 있었다. 근위병 교대모습을 뒤로하고 인도 따라 버스로 이동하던 중이었다. 대열 속으로 들어온 소매치기가 친구 부인 핸드백 곁으로 다가섰다. 눈 깜짝할 사이에 핸드백을 열었던 소매치기는 미수에 그쳤다. 앳된 소녀가 돈지갑을 훔치지 못하고도 히죽거리며 반대편으로 도주하였다. 가이드는 아테네에서 관광하던 한국인 피해자가 있다면서 핸드백을 앞쪽으로 메라고 하였다. 차창을 통해 보던 그리스 영토는 남한 면적과 비슷한 크기다. 제주도에서 북한의 국경까지 1,200킬로미터 한반도에는, 8천만 동족이 부대끼며 살아간다. 남한 크기의 면적에 우리와 비슷한 반도의 그리스 국토는 한반도의 1/4에도 못 미치는 1200만 명에 불과한 나라이다. 한적한 도로와 들판, 차창 밖으로 끝없는 바나와 산, 돌, 올리브와 가축들이 스쳐갔나. 아테네에서 메테오라까지는 4시간 반을 달려 도착하였다.

사진작가 지인이 가고 싶어도 건강 때문에 포기했다는 메테오라에 해 질 무렵 도착했다. TV로 보았던 벼랑 위의 메테오라 수도원은 석양빛을 받아 더욱 신비롭게 보였다. 패밀리 호텔에서부터 현지 가이드는 마음 놓고 시내를 돌아보라고 말했다. 수도원이 소재한 메테오라는 아테네와 달리 고즈넉한 시골 마을이었다. 석양빛을 받은 동방정교회 작은 성당, 마을 내부가 아기자기한 동네였다. 소박한 성당과 주택의 마당마다 올리브와 포도, 석류 등 오래된 고목들이 지난 세월의 역사를 대변하듯 말없이 서 있었다. 저녁식사 후 산책을 나가 시내 분수대 주점에서 맥주를 주문했다. 지인들과 삼삼오오 모여 담소하는 현지인들의 편안한 얼굴에서 평화스러움과 여유, 친밀감을 보았다. '평화로운 이곳에서 노후를 즐기고 싶다.' 는 동료의 말에 모두가 공감한 밤이었다.

다음날 아침, 메테오라 암벽에 있는 수도원에 올라갔다. 검은 암벽을 깎아 세운 수도원, 오래된 벽화와 제구는 아침 햇살을 받아 빛을 발하고 있었다. 오르막 입구 유리관에 보관된 수도자들의 유골을 바라보며, 종교와 인간의 불가분 관계를 생각해 보았다. 동방정교회 대주교 바톨로메오 2세는 1990년 초 전주를 방문했다. 당시 행사장에서 동방정교회와 가톨릭 미사전례가 다름을 알았다. 여행 과정에서 《실크로드 세계사》를 읽고 비로소 알게 된 사실이다. "서방교회와 동방교회의 분리 이유는 성모 마리아의 신성여부에 따라 구분되었다고도 한다. 종교 전쟁으로 앙숙이 된, 오스만 투르크 지배에서 벗어난 그리스는 동방정교회 신자가 국민의 98%인 정치와 종교가 일치된 국가였다.

메테오라 관광을 끝으로 현지가이드가 아테네로 가기 위해 버스에서 내렸다. 현지 가이드는 노무현 대통령의 그리스 방문 당시 통역을 했다고 말했다. 짧은 시간에 정이 들었던 그분은 눈물을 훔치며 손을 흔들었다. 만나고 헤어지는 인생사에 머나먼 타국에서 고국을 그리워하는 마음이 느껴져서 콧날이 시큰했다. 가이드는 현지인과 만혼으로 자녀가 없는 신혼이라고 했다. 그가 말한 그리스 결혼 관습은 동거를 하다가 평생 살게 될 경우에 자녀를 출산한다는 설명이었다. 황혼이혼이 늘어난 현대사회에서 그리스인들의 결혼 풍습이 현명한 결혼 문화일지도 모른다는 생각이 들었다. 부쩍 늘어난 이혼과 미혼모의 문제 해결 방안이 아니겠는가. 동반자와 자녀 출산에 대하여 신중한 동방정교회 관습의 장점도 알게 된 여행이었다.

그리스에서 터키까지의 육로 이동은 10시간이 걸리는 대장정이었다. 유럽의 버스는 시속 100킬로를 준수한다. 두 시간 이상 달리면 휴식시간을 정확하게 지켰다. 지루한 버스 안에서 메테오라에서 찍었던 사진을 확인하려다 따로 보관했던 메모리를 호텔에 두고 왔음을 뒤늦게 알았다. 10명의 소중했던 추억을 모조리 분실한 것이다. 기약 없는 아테네와 메테오라의 추억이 한순간에 사라져 버렸다. 그리스의 소중한 추억은 아크릴 속에 남은 사제 유골과 달리 메테오라의 황혼 속으로 사라져 버렸다.

나라 없는 청년들

도스토옙스키는 사형선고를 앞둔 5분 만에 사면을 받았다고 한다. 죽음을 앞둔 어떤 배우는 "고맙다, 사랑한다."는 유언을 아내에게 남겼다고 했다. 서부유럽 여행을 혼자 가려다가 황천 여행이 될 뻔하였다. 여행을 3일 앞두고 포기한 여행 목적지를 바꾸었다. 몸이 회복되면서 아내가 가고 싶어 하는 스페인, 포루투갈로 목적지를 바꾸는 계기가 되었다. 여행은 누구하고 가느냐에 따라 여정이 달라지기도 했다. 다행히 공직생활 중에 만나, 30년 가까이 모임을 한 지인 부부와 동행하였다. 직장생활을 고려하여 또다시 추석 연휴기간 여행 일정은 친구 부부와 두 번째 동행이었다.

두 딸이 마련해준 두둑한 여비는 여행을 하고 남을 만큼 충분하여 회갑여행의 기분에 들떠 떠났다. 또한 죽을 고비를 넘기고 건강까지 회복되어 나선 여행이라 즐거움은 배가되었다. 13시간 이상 8천킬로미터를 비행하던 시간 내내 잠이 오지 않았다. 깨어 있는 동안 광활한 중국대륙 사막과 곤륜산맥의 설산을 카메라에 담았다. 바르셀로나 직항로, 국적기의 신설 취항기념 패키지 여행이었다. 1년 만에 다시 지중해를 접한 그리스. 터키 상공에서 1년 전 여행의 여운도 되살아났다.

바르셀로나 공항에서 벌어진 해프닝도 지나고 보니 추억이 되었다. 공항에 들어가 남아 있던 유로화로 면세점에서 손녀 선물만 구입하였다. 오랜 여행이 끝나 긴장이 풀린 상태라 피로하여 카페에 앉아 있었다. 귀국하려다가 서운한 지인들이 떠오른다며 선물 사러 갔던 아내 얼굴이 사색이 되어 돌아왔다. 물건을 사려고 핸드폰 지갑을 찾는데 핸드폰이 사라졌다는 것이다. 먼저 여권을 확인해 보니, 다행히 여권은 가방에 있었다. 어떻게 핸드폰이 사라졌는지 모르는 아내는 당황스런 표정으로 어쩔 줄을 몰라 했다. "귀국은 할 수 있다."며 안심을 시켰다. 신용카드와 고객 자료가 입력된 핸드폰 분실에 아내는 망연한 표정이었다. 마지막 인형을 사고 결제한 면세점을 찾아갔다. 핸드폰 분실을 짧은 영어와 손짓 몸짓을 다해도 소통이 불가능했다. 에스파니아어를 모르던 우리는 계산대 위의 CCTV를 가리키며 확인해 보자 해도 통하지 않았다.

공항 내의 폴리스 박스를 찾아갔다. 매장 카운터에서 핸드폰이 사라졌다고 도와 달라고 요청하였다. 비일비재한 신고였던지 사복경찰은 떨떠름한 표정으로 다른 곳을 가보라고 손짓을 했다. 출국 시간이 가까워지는데 어찌할 도리가 없었다. 마침 아시아나 항공 제복을 입은 현지 직원이 나타났다. 현지어를 구사하는 그는 공항에서 만난 구세주였다. 그는 능숙한 서반어로 친절하게 도와 주었다. 폐쇄회로를 보자고 사정하여 확인하였으나 더 이상은 곤란하다고 대답한다. 녹화 화면은 변호사를 통하여 경찰 입회하에만 가능하다고 했다.

항공사 직원은 한국의 핸드폰이 유럽에서도 가장 인기 있는 제품이라고 하였다. 최근 제품에 걸린 비밀번호는 모로코에서 풀어서 재판매된다는 사실까지 귀띔해 줬다. 풀 죽은 상태로 귀국행 비행기를 타기 위하여 출입문 가까운 곳에 자리 잡고 있었다. 동행하였던 일행들이 아내를 위로하였다. 나는 아내에게 귀국하자마자 최신 폰을 사준다며 달래고 있었다.

친구 부부는 쇼핑을 마치고 뒤늦게 도착하였다. 우체국에 근무하던 친구 아내는 분실한 우체국 카드와 핸드폰 분실신고를 막힘없이 처리하였다. 유심 칩을 구입해 간 그들은 인터넷과 전화를 적절하게 활용할 줄 알고 있었다. 탑승이 지연되어 기다리던 순간이었다. 청소하던 현지인이 아내의 핸드폰을 의자에서 발견하였다는 소식이 들려왔다. 되찾은 핸드폰 지갑에 카드와 유로화가 그대로 남아 있었다. 얼굴이 활짝 핀 아내는 핸드폰 케이스에 끼워두었던 100유로 지폐를 꺼내어 청소하시던 분에게 뛰어나갔다.

웃음으로 사양하던 여성도 아내 또래의 나이로 보였다. 긴장했던 아내의 표정에 화색이 되돌아왔다. 나 또한 작년 그리스 메테오라에서 분실한 카메라 메모리 때문에 속상한 일이 있었다. 사관생도 시절 미국을 방문한 딸도 아빠에게 줄 선물을 사다가 카메라와 여권을 분실했다고 한다. 공항에서 당황해 하던 딸의 모습이 그려졌다.

그래도 아내는 분실물을 되찾았다. 동행했던 친구 부부에게 좋은 사진을 인화해서 보답하련다. 기다리던 순간 되돌려본 카메라 메모리에서 돌아본 여행지가 재생되었다. 마드리드와 바르셀로나의 구엘 공원과 가우디성당, 폭탄 3개의 불발 기적으로 남은 필라르모 대성당이 주는 안정과 평화를 보았다. 톨레도와 리스본의 고색창연함과 세비야 성당의 콜럼버스의 무덤과 찍지 못한 프라도 미술관의 〈모나리자〉 그림도 그려진다. 경치로 까보다로까와 파티마, 그라나다와 네르하 투우장 론다와 누에보다리, 마하스와 지로나, 히로나의 이국적 풍경은 아름다웠다. 플라멩코와 그라나다의 추억 속에 마지막 날 관광지, 몬세라트 수도원과 기암절벽도 눈앞에서 펼쳐졌다. 내년에는 사라고사에서 출발하는 유로스타를 타겠다고 다짐하였다.

여행 중에 보았던 풍경보다도 더 강렬했던 슬픈 기억도 카메라에 남아 있었다. 삐쩍 마른 몸, 헌칠한 키의 아프리카 액서서리 장사꾼 수단의 젊은이들이었다. 프라다 미술관에서 루벤스 조선 청년 그림을 찾았으나 보지 못했다. 포로로 끌려온 개성상인 안토니아 코레아의 슬픈 드로잉 작품이었다. 그 청년처럼 스페인 땅에서 집시처럼 떠돌아다닌 젊은이들로 보였다. 액세서리와 가방을 보따리에 펼쳐놓고 단속반원을 피해 요리조리 도망치던 모습이었다. 사주를 경계하던 하얀 눈동자가 유난히 반짝거렸다. 불안한 아프리카 청년들의 눈망울은 놀란 사슴의 눈처럼 흔들렸다.

알람브라 궁전

알람브라 궁전이 있는 그라나다로 출발하였다. 그라나다 초입에서 본 높은 철재 탑 위에 전시한 자동차가 보였다. 도로의 차량을 살펴 보니 소형차 일색이던 마드리드보다 대형차가 많았다. 시가지 중심지에도 철탑에 올린 자동차가 있었다. 10여 미터가 넘는 높은 철탑 아래에는 자동차가 즐비했다. 아마도 자동차정비 공장으로 짐작하였다. 1970년대 국무총리가 타던 자동차는 그라나다였다. 스페인 도시 이름을 딴 포드회사의 자동차였다. 산타페, 시에나, 소렌토, 토스카나 등 한국에서 생산하는 자동차에도 지명을 쓴다. 이슬람인들이 오랫동안 거주했던 고장 그라나다는 분지형 도시였다. 알람브라 궁전을 관광지로 개발한 사람이 미국인이라고 가이드는 말했다. 포드 시스템을 통해 생산한 자동차에 그라나다 지명을 사용한 이유가 될 만하다.

천주교도와 이슬람교도 간의 치열한 전쟁 도중에 보존된 알람브라 궁전은 기타 연주곡으로 처음 알았다. 까까머리 시절 가슴을 파고드는 빠른 선율의 기타 연주곡을 해리극장에서 처음 들었다. 그 선율은 궁전의 분수 물소리를 연상한 작곡가가 실연의 아픔을 담아낸 곡이라고 한다. 3,500미터 네바다 산에서 눈이 녹은 물줄기를 끌어와 정원에서 솟구치게 한 분수는 수정같이 맑았다. 산중턱 궁전은 천년 세월을 이겨낸 아름다운 건축물이었다. 화가들이 그려낸 죽음의 나무, 십자가로 쓰였던 사이프러스 사잇길이 너무 좋았다. 궁전 앞 정원에서 자라던 한 그루의 고사목에 대한 스토리텔링을 소개한다. 왕의 외도에 분노한 왕비가 거목의 뿌리를 잘라 죽인 고사목이라고 했다. 여성의 질투로 수명을 다한 고목은 부부동반 여행객을 부러워하지 않을까?

이슬람 민족의 발달한 수리학은 인류에게 남겨준 위대한 유산이었다. 사방이 트인 성곽에서 조망 가능한 천혜의 요새지 궁전 터는 전망대 같았다. 성루에 놓인 대포는 피·아군의 피를 흘리게 한 저주받은 살상무기였다. 부질없는 정치가들의 탐욕에서 발발하는 전쟁은 사라져야 할 야만적 행위였다.

느긋한 여행을 즐기려고 이슬람 문화를 순례하는 야간 알사이드 선택 관광은 포기하였다. 피곤했던 마드리드의 야행 관광이 반면교사가 되었다. 만찬 후 시내에서 맛좋은 맥주를 맛보기로 하였다. 호텔 입구에서 마주친 가이드는 이슬람 집시들이 많은 도시라며 시내 관광을 만류하였다. 여행객들과 안전 유지를 책임진 가이드 말에 따랐다. 호텔 앞에는 오래된 중국식 저택이 보였다. 따지고 보면 궁전의 형태도 동서양의 건축 문화가 혼재한 구조임을 느낄 수 있었다.

호텔 레스토랑이 있는 지하로 내려갔다. 깔끔한 호텔 바에 아가씨 혼자 있었다. 맥주 값은 한국의 대중음식점보다 저렴하여 한국에서와 같이 맥주 3병을 먼저 시켰다. 그라나다 지역에서 생산한 맥주 맛이 입맛에 맞았다. 단골손님마냥 서비스 안주까지 내어주어 기분이 더 좋아졌다. 피자와 순대 비슷한 여러 종류 안주와 맥주를 추가로 시켰다. 순대처럼 생긴 안주는 입맛에 맞지 않았다. 피자를 제외한 하몽 안주는 익숙하지 않은 탓인지 조금 짰다.

이튿날 에게해를 바라보는 바닷가로 출발하였다. 끝없는 들판으로 줄지어 늘어선 올리브 들판은 가도 가도 다시 이어졌다. 산과 들판 어디에서나 자라던 올리브가 풍요로운 나라 축복 받은 농민들이 부러웠다. 비옥한 국토와 관광수입으로 살아가는 민족은 행복해 보였다. 국경이 무너진 유로연합 탓인지 자동차 전시장과 공장상표는 대부분 독일 상표였다. 저녁식사를 마치고 나오니 석양에 물든 그라나다가 사진처럼 아름다웠다. 바르셀로나로 향하는 공항까지 실어다 준 버스기사 고향도 그라나다라고 했다.

교체된 버스기사와 고장 난 버스기사의 대화는 너무 시끄러웠다. 그라나다에서 생산된 차를 타고 〈알람브라 궁전의 추억〉을 다시 들을 수 있을까 하는 생각을 하던 중 그라나다 공항에 도착하니 어둠이 깔렸다. 저가항공 브엘링을 타고 바르셀로나로 향했다. 자정에 도착한 바르셀로나 야경이 볼만하였다. 저가항공 기내는 여 승무원들이 카트에 실은 음료와 간식을 팔았다. 기내에서 물을 사면서 합리적인 서양문화의 장점을 보았다. 그라나다 여행에서는 다른 문화를 이해하고 공존하는 문화를 살펴본 여정이었다.

형제의 나라에서

'여행은 아는 만큼 보고 느끼게 된다.' 는 말이 있다.

3년 전부터 그리스, 터키 여행을 준비한 지인 다섯 가족이 추석연휴를 사용하여 떠난 여행이었다. 홀로 터키를 여행하였던 7년 전, 아내와 함께 다시 가보려던 꿈이 실현된 것이다. 2010년 6월 12일 독일 월드컵 대회에서 그리스 첫 경기를 터키의 카파도키아에서 시청하였다. 당시 터키 국영방송에서 골든타임에 〈대조영〉이라는 한국 연속극을 방영했던 시기였다. 터키 국민들을 TV 앞으로 모이게 한 최고 인기 드라마로 〈대장금〉과 버금가는 인기 사극이란다. 〈대조영〉 주인공 탤런트 최수종은 연속극 촬영이 끝난 다음 〈의사 안중근〉 연극에 주연으로 발탁되었다. 일본과 중국은 물론 한국의 대도시에서 공연된 〈의사 안중근〉 연극을 그룹사가 협찬하였다. 광주 김대중 센터에서 연극공연이 끝나고 위로와 감사의 식사 자리에서 배우 최수종과 마주 앉았다. 식사를 같이 하였던 조연배우 두 분을 전주까지 태워다 드렸다. 차 속에서 최수종 배우의 착한 인성을 듣고 연기뿐만 아니라 마음까지 좋아하는 팬이 되었다. 소중했던 인연은 이스탄불의 톱카프 궁전에서 상기되었다. 여행객 필자를 본 터키 학생들은 최수종을 닮았다며, 사진 촬영을 요청하여 최수종의 인기를 실감하였다. 두 번째 여행에서도 소피아 성당 내외에서 소동이 났다. 황야의 무법자가 쓰던 모자를 쓴 내게 학생들의 사진 촬영 요청이 쇄도하였다. 일행과 떨어지는 것을 우려한 아내의 만류로 빠져나왔다.

영화 〈벤허〉의 주무대인 히포드럼 마차경기장, 오벨리스크 옆에서 1년 전 발생한 사고는 많은 사상자가 발생한 IS 테러였다. 설상가상으로 터키는 복잡한 국내정치로 인하여 삼엄한 계엄령이 1년 이상 연장되는 상황이었다. 여행기간 동안 여행 유의 국가로 지정된 문자는 한국 대사관 발신으로 여행객들의 핸드폰에 여러 차례 수신되었다.

"터키 내 테러 빈발, 신변안전 각별 유의 다중 밀집지역 방문자제" 등. 자녀들이 테러 발생국가 여행을 우려한 이유를 현지에서 알았다. 그러나 여행지에서 전하던 가이드의 우려는, 도리어 터키 국민들이 '한반도에서 터질 것 같은 남북한 전쟁을 더 걱정한다.'는 분위기를 전해 주었다.

입국하던 터키공항에서부터 총을 멘 군인들의 경계모습을 볼 수 있었다. 쿠데타를 진압한 에도르완 정부는 반대파 공무원과 군인 수만 명을 숙청하였다고 한다. 민의를 억압하는 정부는 무장한 군인과 경찰을 동원한 계엄령 선포로 엄격한 통제가 실시되는 상황을 확연하게 보았다. 12년 동안 총리였던 현역 대통령은 독재를 위한 '친위쿠데타'로 독재정치를 한다는 설도 파다하다. 사상최대 인파가 모였던 광화문의 촛불 혁명처럼 이스탄불에서 벌어진 반정부 시위, 세월이 지나면 역사 앞에 진실이 밝혀질 때가 있을 것이다.

1500년 역사의 대형 바자르 입구까지 공항과 같은 보안 시설을 통과하게 하였고 시장 주변 모스크 내에도 2인 1조의 무장군인들이 배치되었다. 1980년대 군부가 계엄령을 선포한 서울과 몇 년 전에 가보았던 천안문광장에 군인들이 상주하던 일당독재 현장을 다시 보는 감회는 서글펐다. 계엄령 치하에서 경복궁을 관광하던 외국인들이 광화문 앞에서 바라보던 시선이 느껴졌다. 군 복무 중이던 나를 바라보던 외국인 심정으로, 37년 뒤에 낯선 이국에서 총을 든 군인을 바라보았다.

돌마바흐체, 톱카프궁전, 블루모스크, 성소피아 성당, 어디서나 총을 든 군인들의 모습을 볼 수 있었다. 톱카프 궁전 안까지 군부대가 주둔하면서 기마병이 순찰까지 나서 구경거리는 추가되었다. 아름다운 보스포러스 항구에는 어떤 이유인지 대형 크루즈 여객선이 한 척도 보이지 않았다. 많은 크루즈선이 정박했던 7년 전보다 여행객이 줄어든 관광지는 예전보다 한산했다. 한국 여행객의 감소로 교포들이 경영하던 상가들 중 일부가 철수했다니 안타까운 일이다. 사드 보복으로 중국 여행객이 줄어들어 아우성치는 제주와 남대문의 현상이 이스탄불에서 재현되고 있었다.

귀국할 때 본 아타튀르크 국제공항에서 출국심사는 황당하였다. 세 번의 물품 검사 현장에도 군인들은 삼엄한 경계를 펴고 있었다. 공항 화물탁송과정에서도 일행 몇 사람의 여행 가방을 풀게 하여 검색을 하였다. 공항 내부 면세점에도, 경찰과 군인들만 보이는 게 아니었다. 유동 검문검색을 하던 사복 경찰들의 날카로운 눈초리와 검문 모습이 눈에 띄었다. 국적기인 아시아나 탑승구에서까지, 여행객들의 핸드백까지 검색하였다. 외국여행객들에게 이러할진대, 자국민에 대한 탄압은 어떠했겠는가? 광화문의 촛불항쟁을 지켜본 터키국민들의 마음에도 촛불처럼 타오르는 갈망은 있으리라.

역사는 흐르고 부도덕한 정치인들로 인해 피해를 당하는 국민들이 불쌍할 뿐이다. 십자군 전쟁이나 임진왜란, 세계1, 2차 대전과 한국전쟁, 걸프만 전쟁도 간단한 이유에서 시작되었다. 정치가들이 저지르는 최악의 실수는 자신의 잘못을 이웃국가 침략으로 호도하거나 자국의 이익만 추구하는 팽창주의다.

유네스코 1호로 지정한 문화재에 화약창고와 금고로 사용했던 투루크 민족의 역사, 그곳에 폭약을 던져 신전을 파괴시킨 베네치안 상인들, 파괴된 신전의 조각품을 빼어내 박물관에 보관하던 영국도 자국의 이익을 위해 저지른 만행들이다.

귀국하던 국적기에서 집어든 신문을 보면서 나는 잠이 오질 않았다. 핵탄두를 만들어야만 하는 절박한 북한과 여행객을 막고 경제적 압박을 가하는 중국 기사였다. 정치적 입지강화를 위해 전쟁을 부추기는 일본은 아베가 제국주의의 발톱을 드러내고 있다. 경제적 논리만 앞세우는 트럼프의 횡포 앞에서 전쟁을 운운하는 불장난이 벌어지는 한반도가 걱정이 되었다. 열강의 틈바구니에서 부대끼는 대한민국의 현실이다.

한국 수교 60년의 터키는 피로 맺어진 혈맹이다. 역사 속에서 한족을 공격한 우랄알타이어족의 유전자는 한국전쟁을 지원한 우방국가다. 내 나이와 같은 60년의 수교 역사의 터키 재방문은 어려울 것이다. 역사와 지리적으로 닮은 그리스, 터키 여행은 장거리 이동과 시차로 힘든 여행이었다. 수천 킬로의 장거리 여행이 버거운 사실이 슬펐다. 여행이란 젊어서는 원거리, 나이 들면 근거리 여행으로 바뀌는 이유를 알 만했다. 시차가 적응이 안 되던 비행기 안에서 여행 끝은 아쉬움이었다.

포르투갈과 임진왜란

파티마성지는 아내가 꼭 가보고 싶어 하던 성지였다. 성지로 가던 도로변 산악지역 구릉지에도 올리브 나무와 한가로운 소떼가 보였다. 스페인, 포르투갈 국경은 10미터 내외의 작은 다리가 연결되었다. 시, 군이 갈라져도 표지판이 있는데 국경을 표시한 작은 표지판을 보지 못했다. 양국간 국경선에 출입국 사무소는 물론 검문소조차 없었다. 성모 발현 100년이 되던 2017년 파티마의 숙소 잡기는 별 따기처럼 어려웠다고 한다.

축구를 잘하는 포르투갈은 남한 국토 면적에 인구는 우리나라 1/5에 불과한 나라다. 국경근처 산간지방은 제주도에 온 듯 착각을 들게 하였다. 까만 화산석 돌로 밭 경계의 담장과 말들이 한가롭게 풀을 뜯는 풍경이었다. 주택 또한 기와지붕, 시멘트 담장으로 한국농촌과 다름없었다. 국경선 근처 산촌 마을마다 스러져 가는 집들이 눈에 띄었다. 인적 드문 주택가의 횡단보도 신호등만 깜박거리고 있었다.

코르크 생산 국가답게 과수원 같은 코르크 숲이 장관이었다. 산기슭 마을 유럽식 주택이 유로 국가임을 느끼게 한다. 편도 1차선 산악 도로에서 속도를 내지 못한 버스가 파티마에 도착한 때는 해 질 무렵이었다. 1인용 침대 2개가 놓인 4성급 호텔은 정갈했다. 저녁식사를 마치자마자 파티마 광장으로 걸어나갔다. 기도 초를 봉헌하는 봉헌 제대 앞에서 무인 판매하는 양초를 유로화로 구입하였다. 기도하는 대로 이루어진다는 봉헌 제대에는 제 몸을 사르는 촛불 열기가 후끈하였다. 아내와 자녀, 조카를 위한 다섯 개의 초를 봉헌하였다. 용서의 길, 화해의 길에 깔린 카펫 위에는 무릎을 꿇고 기도하는 신자들이 줄을 이었다. 저마다 절실한 사연을 간구하며 기도하는 신자들의 모습은 내 삶을 뒤돌아보게 하였다.

묵주기도를 하려는 전 세계의 신자들로는 야외 성당 좌석이 가득 찼다. 33명의 여행객 중 천주교 신자가 일곱 명쯤 되었다. 묵주 기도가 시작되면서, 몰려든 인파로 서 있던 신자가 앉은 사람보다 더 많아졌다. 늦은 밤 시작된 묵주기도는 파티마 야외성당과 광장에서 장엄하게 거행되었다. 파티마 광장을 수놓은 촛불행렬이 장관이었다. 질서 유지 요원도 없는 광장에서 보았던 기도 행렬은 인상 깊은 숙연함이 있었다.

두 시간 동안 서서 참여한 행사로 허리 다리가 저려왔다. 파김치가 되어 잠든 새벽 5시에 모닝콜 벨이 울렸다. 아침 식사는 빵과 과일로 만든 도시락이었다. 꼭두새벽에 대서양 서쪽 끝단 까보다로까를 향하여 어둠 속을 달렸다. "엄청난 바람이 분다, 추위를 타는 사람은 내리지 말라."고 가이드가 말했다. 동틀 무렵 도착한 대서양 바다가 호수처럼 잔잔하고 수줍은 모습이었다. 동쪽 바다로 직진하면 한국에 도착하는 위도라고 말했다. 제주 끝 해안에서 바라본 태평양처럼 까보다로까에서 바라본 대서양도 끝이 안 보이는 푸른 바다였다.

리스본으로 향하는 도로는 출근 시간과 겹쳐 더디게 달릴 수밖에 없었다. 16세기 포르투갈은 평화롭던 조선 반도에 피를 뿌리게 한 총기를 전달한 나라였다. 초강대국 스페인에 가로막힌 리스본 항구는 바다의 통로였다. 대양을 향한 항해술의 발달 요인이었다. 신대륙을 발견한 콜롬버스는 향신료 수입을 위한 인도로 가던 중이었다. 제노바 상선을 타던 그는 1476년 포르투갈과 프랑스 해적선 공격을 받아 죽을 고비에서 살아나 리스본에 정착하였고 했다. 에스파냐어를 공부하면서 지도제작과 포르투갈의 앞선 항해술을 익혔다. 포르투갈 관리이자 귀족집안의 딸과 결혼한 그는 포르투갈과 프랑스에 항해지원을 요청했으나 거절당했다고 한다. 스페인으로 건너간 그는 카스티야 왕국의 이사벨왕과 1492년 신대륙 탐험 협약을 맺게 된다. 대서양을 건너 인도로 알았던 서인도 제도의 쿠바를 다녀온 것이다.

콜롬버스의 항해 이후 남아메리카와 아시아 일부를 다스리던 포르투갈 상인들은 일본까지 진출하였다. 육식요리에 필요한 향신료 수입을 위해 나선 상술은 해상 무역의 전환기였다. 해상무역에 나선 포르투갈 상인이 일본에 전달한 총기 2정으로 조선역사의 비극이 시작되었다. 명나라는 일본을 해적국으로 지정, 쇄국정책을 폈다. 무역이 중단된 일본은 정명가도를 핑계로 임진왜란을 일으킨 것이다. 포르투갈 총기를 개량한 일본은 조총을 앞세워 조선 정벌에 나선 것 또한 무역으로 시작된 전쟁 역사의 시발점이었다.

리스본의 중심 로시우 광장과 제로니모스 수도원을 둘러보았다. 10유로화 표지 문화재 대성당 앞에 툭툭이를 세우고 시내를 걸어다녔다. 툭툭이와 승용차, 버스와 트램이 달리는 도로가 신기하게 막힘없던 흐름이었다. 엔리케 왕의 동상이 시내 곳곳에 설치된 리스본 시가지는 고색창연하였다. 로시우 광장에서 맛본 에그타르트 맛은 전주 한옥마을에서 맛본 그 맛이었다. 포르투갈에서 개발한 카스테라와 에그타르트 식문화는 세계화 되었다. 조선왕조와 같은 시기에 조성된 리스본 중심가는 서울의 4대문 안 도심과 너무 달랐다. 좁은 골목길을 돌면서 구시대 유물을 그대로 사용하는 시민의 불편이 걱정되었다.

점심식사는 대구 살을 이용한 해산물 요리 바깔라우는 비빔밥 같았다. 담배 등 기호식품과 음식문화에 사용되는 포르투갈 언어가 의외로 많다. 리스본 또한 집시들이 많은 도시로 치안 환경이 어수룩한 편이라 한다. 강을 가로지른 대교에서 리스본 도시를 조망하였다. 대형 쿠루즈선과 우중충한 도심지, 아름드리 플라타너스 가로수도 인상깊었다.

섬나라에 총을 전달, 조선반도를 유린한 빌미를 제공한 포르투갈은 한국에게 이젠 축구를 통한 보은을 할 시기가 왔다. 한국 국가대표 감독으로 포르투갈 엔투가 선정되었다. 축구를 통해서 일본을 이겨야 할 이유가 있다. 베트남 축구 국가대표 박항서 감독처럼 기적 같은 성과를 기대해 본다.

《토지》의 흔적을 찾아서

거짓말을 하면 코가 길어진다는 피노키오 CD 동화를 손녀에게 백 번 넘게 들려주었다. 그랬음에도 박경리의 흔적을 찾아가는 문학기행 행사를 위해 거짓말을 했다. 가정의 달에 연이은 모임과 결혼식 참가 명분에 연속 이어진 문학기행 핑계는 약했다. 충북 옥천의 정지용 생가와 박경리 문학공원 기행은 문학회 임원으로 빠질 수도 없었지만 가보고 싶은 곳이었다. 소설가의 유택은 통영의 미륵산에 있는데 문학공원이 있다는 사실이 궁금하기도 했다.

국내 명승지를 대부분 가 보았다고 생각했으나 정지용 생가와 박경리 문학관 답사는 처음이었다. 옥천과 인접한 속리산 법주사는 몇 번 가 본 기억이 있다. 1993년 봄에 속리산 가던 길이 포장되던 때도 5월이었다. 아스팔트 포장 전, 타고 다녔던 르망 자동차가 내리막길에서 빠르게 내려갈 때 브레이크를 밟았다. 눈길보다 미끄러운 자갈길에서 자동차는 세 바퀴를 돌고 돌아 도로 옆 수로로 처박혔다. 그때의 아찔하던 기억을 들려주던 순간 버스는 길을 헤메고 있었다. 당초 목적지 박경리 문학공원이 아닌 토지문화관 주차장이었다. 토지문화관은 박경리 작가가 문학의 꿈을 키우는 작가들에게 집필공간과 문학의 꿈을 이루도록 교육시키는 교육장이었다. 원주시 흥업면 매지리에 있는 토지문화관은 박경리 소설가 살아생전에 글을 쓰던 문인들에게 장소제공과 밥상까지 직접 차려준 곳이라고 한다.

문학공원 안에는 5층짜리 '박경리 문학의 집'과 토지를 집필하던 시기에 살았던 주택이 보존 되었다. 세미나실 5층에서 소설가를 소개하는 영상물을 보았다. 통영에서 태어난 그는 해방되던 해 진주여고를 졸업하고 일제강점기에도 다독과 일기, 시를 써온 문학소녀였다고 한다. 한국전쟁이 벌어진 1950년 서울가정보육사범학교를 졸업한 그에게 남모르는 아픔이 많았던 작가였다. 전쟁의 상처는 남편 김행도가 부역자로 몰려 옥사하였고, 8세의 어린 아들마저 사고로 잃었다. 마지막 핏줄의 버팀목이 되었던 사위 김지하까지 사형선고를 받고 장기 수감자가 되었다. 원주의 시댁에서 혼자 살던 외동딸을 보고 "딸을 만나고 지워지지 않는 짙은 피멍이 들었다."고 표현한 사실로 미루어 알 수 있다. 안쓰러운 핏줄 영주가 안쓰러워 원주로 거처를 잡은 것이 문학공원이 탄생된 동기였다.

4층과 3층 자료실에서 작가의 삶과 작품을 도표로 만들어진 전시물을 핸드폰에 담았다. 작품의 구도와 줄거리, 인물의 관계도표가 필자에게 도움이 될 만한 자료였다. 《토지》에 등장하는 역사와 공간적

이미지와 등장인물의 관계도, 하이라이트, 전시 자료는 작품의 구성과 진행에 참고 자료였다. 2층에 내려오니 작가의 유품인 원고와 만년필, 손수 지은 옷과 조각한 목각, 그가 쓰던 호미와 목장갑에서 시골아낙네처럼 검소하게 살았던 생전의 모습이 엿보인다. 그는 사는 것이 고통스러워서 글을 썼다고 한다. 시를 쓰다가 소설가 김동리 권유로 소설을 쓰기 시작했다고 한다. 김동리의 추천으로《현대문학》에 단편 소설 〈계산〉으로 작품 활동을 시작했다. 그의 작품 중 〈불신시대〉 〈암흑시대〉는 아들의 죽음에 따른 의료계의 횡포에 대한 비판적 관점이 나타난 작품이다. 신인문학상을 수상하면서도 사회 부조리에 대한 수상소감으로 작가는 "서글픈 시상식이었다."라고 사실을 폭로했다. 대하소설 이전에 쓴《김약국의 딸들》,《시장과 전장》도 마찬가지 주제였다.

TV로 방영된 〈토지〉는 1973년 발표된 한국문학사에 길이 남을 대하소설이다. 작가의 어린시절 외할머니에게서 들었던 이야기가《토지》를 쓴 원동력이라고 한다. 구한말 동학농민운동에서부터 8·15 광복까지 민초들의 끈질긴 생명력을 통해 우리 근현대사를 희망의 한으로 풀어낸 소설《토지》는 생명이 흐르는 대하소설이다. 서울에서 12년에 걸쳐 1, 2, 3, 4부를 집필했고, 원주에서 13년에 걸쳐 4, 5부를 집필하여 1994년 장장 25년간의 종지부를 찍은 대하소설을 쓴 단구동 옛집은 좋은 집터였다. 최 참판 딸을 괴롭힌 조준구를 연기한 연규진의 연기는 참 좋았었다. 이름이 같았던 조준구 때문에 필자 이준구도 놀림을 받았었다. 전시관을 지나 2층 양옥집으로 들어가는 골목길은 더 정겹다. 해설사의 설명을 따르면, 마로니에 나무가 너무 좋아서 나무 값으로 천경자 화백의 그림을 주었다는 이유로 '억대 마로니에'라 부른다는 스토리텔링에 씁쓸한 미소를 지었다. 넓은 마당에 자리한 작가의 동상 옆에서 사진을 찍었다. 《토지》의 완결 전까지 아무도 들어서지 못한 집필실도 들어가 보았다. 단정한 나전칠기 큰 상에 가지런한 유품이 슬프게 보였다. 《토지》를 구상하고 집필한 큰 방은 두 개의 너른 창으로 치악산과 앞마당이 훤하게 바라보인다. 좋은 환경 속에서 치열한 고민이 스며든 집필실은 무거움이 깔려 있었다. 《토지》를 완성하고 '끝' 자를 쓸 때에 기자에게 처음 공개된 금남의 집에 소설가를 꿈꾸는 자가 들어가 보고 용기를 얻었다. 나오는 길에 빛바랜 책이 쌓인 작은 방을 보았다. "내가 작가가 된 것은 나의 상상력이다. 그리고 나의 상상력은 수많은 독서가 밑거름되었다."는 말에 전적으로 동감한다. 작가의 상상력은 독서가 기반이라는 평소의 지론을 확인한 순간이었다. 그의 외동딸은 작가의 49재에 맞춰 친정어머니의 유고시를 발표했다고 한다. 〈버리고 갈 것만 남아서 참 홀가분하다〉란 작품이라고 했다. 필자 또한 유언장을 작성하면서 생에 대한 미련을 버리기로 하자 홀가분했던 기억이 되살아났다.

2013년 서울 중구 롯데호텔 앞에 세워진 푸시킨 동상에 대한 화답을 처음 들었다. 2018년 한·러 문화외교사업 일환으로 러시아 제2의 도시이자 예술의 본거지인 상트페테르부르크의 상트페테르부르크대학에 故 박경리 작가의 동상이 세워졌다고 한다. 작고한 지 얼마 되지 않은 우리나라의 유명작가 동상이 외국에 건립된 것은 큰 의미가 있다. 동상에는 박경리의 시 〈삶〉의 마지막 시구인 '슬픔도 기쁨도 왜 이리 찬란한가'를 러시아어로 새겼다고 한다.

작가는 "생각해 보면 기막히게 고달픈 작업이었다. 자연이 과민하고 상처받기 쉬운 내 영혼을 언제 이토록 실하게 나를 치유해주었을까? 풀잎 하나 조약돌 하나 철마다 찾아오는 이름 모를 새들과 교감하며 내 뜰 안의 모든 생명과 함께 살았다."던 단구동 작가의 집을 나왔다. "우리는 자연의 이자로만 살아야 한다. 땅에서 나오는 수확물만 얻고 땅을 훼손시키면 안 된다."던 작가의 자연과 생명에 대한 무한한 사랑을 느낀 시간이 되었다. 박경리 문학공원을 빠져나오면서 내 희망과 꿈을 다시 한 번 확인한 여정이었다.

이준구 수필집

아버지의 뒷모습

인쇄 2019년 6월 14일
발행 2019년 6월 24일

지은이 이준구
발행인 서정환
펴낸곳 수필과비평사
주소 서울시 종로구 삼일대로 32길 36(익선동 30-6 운현신화타워 빌딩) 305호
전화 (02) 3675-3885 (063) 275-4000 · 0484
팩스 (063) 274-3131
이메일 shina2347@naver.com essay321@hanmail.net
출판등록 제300-2013-133호
인쇄 · 제본 신아출판사

ISBN 979-11-5933-222-7 03810
값 13,000 원

이 도서의 국립중앙도서관 출판시도서목록(CIP)은 서지정보유통지원시스템 홈페이지(http://seoji.nl.go.kr)와 국가자료공동목록시스템(http://www.nl.go.kr/kolisnet)에서 이용하실 수 있습니다.(CIP제어번호: CIP2019022518)

Printed in KOREA